ちくま新書

ルポ 児童相談所

——一時保護所から考える子ども支援

慎 泰俊
Shin Tejun

1233

ルポ 児童相談所——一時保護所から考える子ども支援

【目次】

第2章　子どもたちの生活環境——様々な証言から　059

第3章　児童相談所と一時保護の現状　111

はじめに

本書は、児童相談所とその中の施設である一時保護所について書いたものです。親の虐待、貧困、疾患や子ども自身の非行などが理由で、一時的に保護をする必要があるとみなされた子どもたちは、児童相談所に併設されている一時保護所で生活します。二〇一四年において一時保護された子どもの数は延べ二万二〇〇〇人になります。

多くの場合、子どもたちは突然保護されますので、友人や先生などときちんとあいさつをすることもできないまま、ここで生活をすることになります。ほとんど外出は許されず、学校にも通えないまま毎日同じ日課をこなし、カゴの鳥のような生活をしています。平均滞在期間は一カ月ですが、一年以上ここにいることになる子どもも少なくありません。良い一時保護所とそうでない所の格差は激しく、ひどい一時保護所にいた子どもたちの中には、そこでの経験がトラウマになっているケースもあります。

一時保護をされる子どものうち六割弱は自宅に戻りますが、四割強はそのまま親と離れて社会的養護（社会が家庭に代わって用意する養育環境のこと）の下で暮らすようになります。それまでの間、子どもたちは自分が家に帰れるのか、それともどこかに行くことになるのか、わからないまま不安な日々を一時保護所で過ごします。

専門家向けに書かれた同様のテーマの本は何冊かありますが、全国約一〇ヵ所の児童相談所を訪問し、一〇〇人以上の関係者インタビューを実施し、二つの一時保護所に住み込みをして書かれたのは本書のみだと思います。私は一時保護所の現状と課題点、課題解決の方向性を何としても伝えたいと思い、この本を著しました。

まずは一時保護を受けたことがある人のエピソードを話し、次になぜ私にとってこの問題が大切なのかについて話をしたいと思います。

序　章

「一時保護所」とは、どういう場所なのか

†「お前は、私たちの息子ではない」

いまから三〇年以上前の話です。隅田川の川岸に、生まれて間もない男の子がダンボールに入れられていました。たまたま通りかかった人に見つけられ、近くの病院に預けられて、その院長によってケンタ（仮名）という名前がつけられました。

彼は、物心がついたときには乳児院にいました。そして、児童養護施設に移されたあと、市川に住んでいたチバさんという夫婦と養子縁組をすることになりました。四歳の頃です。

幼い頃の記憶はなく、自分はもちろんチバさん夫婦の子どもだと思って育ちました。養《よう》親《しん》がもう一人の養子をとった時に「明日から一人男の子を引き取るけど、お兄さんとして仲良くするように」と言われたことからも、彼は「自分はこの家の子どもだ」と信じていました。

しかし、家で暴れたりすることもなく、問題も起こしていなかった、スポーツ好きなケンタさんの人生は、ある日を境にガラリと変わってしまいました。

小学四年生になった、ある平日のことでした。朝リビングにいくと、いつもは出社しているはずの「父」がいます。「お父さんは会社を休んだ。今日はみんなでおでかけをしよう」と言います。「ものすごくうれしかったのを、強烈に覚えています」と、彼は述懐します。

しかし、車に乗って連れて行かれた先は、公園でも動物園でも遊園地でもありませんでした。周りに高い塀のある、五階建ての灰色の建物です。

車を停めた親は「ここで待っていたら、また迎えに来るよ」と彼に言ったそうです。よく意味がわからないまま、彼は初対面の大人たちに引き取られました。

その大人たちは、児童相談所の職員でした。動揺している彼に、彼らはこう告げます。

「もうチバさんはここには来ない。これからのことはもう少し経ってから考えよう。ここから逃げ出したら、少年院か教護院に連れていくからね」。

「意味がわからなかったです。だから、その日のうちに脱走しました」とケンタさん。そして、小学四年生の身で、児童相談所のあった場所から市川までの五〇キロを二日がかりで歩き、自分の家に帰ったのです。

玄関のベルを鳴らすと、驚いたチバ夫妻が出てきて彼を迎え入れました。そして、彼に対してこう言いました。

「お前は、私たちの実の息子ではないんだ。今日だけは泊まっていっていいが、もうお前をうちで預かることはできない」。

「もう腹を決めるしかなかった」と彼は言います。そして、脱走した一時保護所に戻っていきました。市川の小学校のクラスメートや先生に何のあいさつもできないままで、今もそれが心残りになっているそうです。

一時保護所は、児童相談所の中の施設で、非行少年、被虐待児、児童養護施設や里親家庭に入る前の子どもが「一時的」にいる場所です。虐待や貧困など、家庭内の事情でここにやってくる子どもは、今では七割を超えます。

†毎日が体罰の場所だった

「二〇年前の当時、そこの一時保護所はひどい場所でした。毎日が体罰です。たとえば、午前中ずっと体育館を雑巾がけさせられます。また、先生と話していたら、『目を見て話せ』と馬用のムチで叩かれたりします。

私から見て、特に理由があって体罰があるようには思えませんでした。朝礼の時間に、『お前ら夜に話していただろう。うるさかったぞ』と言われ殴られたりします。夜の就寝時間に怒られ、朝まで立たされていたり、ご飯抜きになったりすることもありました。ほぼ毎日がそんな感じです」。

そんな一時保護所で、ケンタさんは三カ月以上を過ごしました。その期間に、彼の行く先を決めるための児童福祉司との面談は、一五分もない短いものが二回だけだったそうです。

一回目の面談は、「君は、施設に行くことになりそうだ。山にある施設がいいか、海が近くにある施設がいいか」という内容のものでした。彼は「海がいいです」と答えました。二週間後の面談では、「海のほうはいっぱいになったから、山にしよう」と告げられました。そして、ある日突然出発を告げられ、車と電車を乗り継ぎ、彼は山梨県の児童養護施設に連れていかれました。

「自分の意思とは関係のないところですべてが進んでいくのが、本当に嫌でした。とにかく、彼らはほとんど何も状況説明をせず、直前になるまで何も話さなかった。

市川の小学校から周りに何のあいさつもできずに児童相談所に連れて行かれ、新しい生活だと言って山梨に連れて行かれる。すべてのことが、ただただ寂しかった」。

二〇年後、テレビで保護所内虐待が取り沙汰された一時保護所は、まさに彼がいた場所でした。出自を明かさず、会社経営者として他のNPOの人らとともに、その保護所を訪れた彼に対し、一時保護所の職員たちは「テレビはデタラメ。ここではあそこで報道されたような事実はない」と話します。これに対して、彼はついに声をあげました。

「私はここを出た人間です。だからこそ、いまここで何が起きているのかが想像できる。当時と同じことが起きているかは不明だが、ここで今も体罰があることは間違いないと私は確信しています」。

この児童相談所には、実際に彼の記録が残っていました。予想外の出来事に面食らった職員たちは、あわてふためきました。なお、私（筆者）は多くの一時保護所を取材のために見せていただきましたが、この保護所だけは中を見せてもらえませんでした（とはいえ、後からこの保護所を訪問した方いわく、「二、三時間見ただけでは、何もわからなかった」とのことでした）。

一時保護所に入っていた本人たちから聞いた証言を総合すると、一〇年前の都心の保護所では、殴ったり、ご飯を抜きにしたりするようなひどい仕打ちはすでに少なくなっていたようです。それでも、何らかの体罰が存在していたのは間違いない事実でした。

都心の某一時保護所は本当にそういった暴力が横行する場所だったようです。だから、ここを経験した子どもたちが暮らす児童養護施設では、「これ以上暴れたら、また児相（児童相談所）に戻ることになるからな」というのは強烈な脅しの言葉で、これを言われた子どもは大抵おとなしくなっていったそうです。とんでもない話です。

自身の職業人倫理に誓いますが、私はインタビューに答える人に誘導尋問をして、自分の望むストーリーを書こうとしているわけでは決してありません。そもそも一時保護所にいた当事者からの話の多くはインタビューというより、私が社会的養護出身者の方々からたまたま昔話を聞く際に出てきた話なので、誘導のしようもありません。

後で詳しく見ていきますが、約一〇年前までは、一時保護所内にいる子どものうち非行・虞《ぐ》犯《はん》少年の比率が今より高かったのも、暴力的な統制が行われていた一因だといいます。さらに、一部の一時保護所はもともと児童自立支援施設（非行・虞犯少年が暮らす施設）だったこともあり、そこでの厳しい規律を踏襲しているため、規律が異常に厳しくなっているようです。それも決して許されることではありませんが。

この一時保護所を経験して、施設や里親家庭に行くことになった子どもの中で、「あそこに戻りたい」という子どもに出会ったことがありません。しかし、多くの地域を回ってみて知ったことは、児童相談所間の格差が激しいことです。たとえば、神奈川県の中央児童相談所を訪問したときには、子どもの権利擁護の観点から最大限の配慮がされており、感心したことがあります。

一児の母であるエリコさん（仮名）は、日本でも特に人口が少ない地方（Z県）の一時保護所にいたことがあります。彼女に「やっぱり、規則でがんじがらめのとんでもない生活だったのでしょうか」と質問したところ、全く違う答えが返ってきました。

「慎さんの話がちょっと信じられないくらい、ゆるいところがある場所でした。外に出たいと言ったら、『本当はダメなんだよー』と言いながらも外に出してくれました。決まりはあるんですが、子どもに寄り添いながら、多少はルーズに対応してくれたんです。所長さんは、休みの日にジュースと菓子パンを持ってきてくれたりしました。

ここにいる間は、身の安全を脅かされる心配はない、という安心感がありました。かなり自由で穏やかな時間を過ごすことができました。私のいた一時保護所は食事もおいしかったんです。調理のおばさんはどちらかというとぶっきらぼうな人でしたが、頼んだら何でも作ってくれました」。

†なぜ私にとって機会の平等が重要なのか

一時保護された経験がある人たちから当時の状況を話してもらった時、まず私にやってきた感情は怒りでした。本人にはどうしようもない理由で不利益を被らないといけない人を見ると、いつも私にはこの感情が何よりも先にわいてしまうのです。

それは私自身のバックグラウンドとも無縁ではないと思いますので、少しお話ししましょう。

私が通った学校には先輩と後輩の間に厳しい上下関係があり、生意気だった私はよく先輩に殴られました。中学生の頃は、先輩を差し置いてサッカー部の試合のレギュラーに選ばれたということで、翌日トイレで殴られたこともあります。高校には、先輩が後輩からお金を巻き上げる「伝統」があり、嫌な思いをしました。

多くの人たちがその学校のルールに染まる中、「なぜこの人たちは一年、二年先に生まれただけでこんなことができるのか」というのが、私には最後まで理解できませんでした。だから反抗的になり、ますます殴られたものです。ですから、高校三年生になった時に同級生たちと一緒に学校改革をして、私たちの代でこの悪しき「カンパ」の伝統を無くししました。それは、私の起業家としての人生の始まりだったと言えるのかもしれません。

その次に直面したのは、経済的な問題でした。私の家は決して裕福ではなかったので、子どもの頃は、羽振りがよい親戚の生活を見てうらやましいと思ったものです。高等教育は、親が集めてくれたお金と奨学金でなんとか受けることができました。その教育のおかげで、私はモルガン・スタンレーという外資系の金融機関に就職し、すぐに両親にお金を返すことができました。あるべき時にあるべきお金があることがいかに大切なことか、私は身をもって知りました。

両親は朝鮮人ですが、私は日本で生まれ、日本で育ちました。生まれた時に私が親から受け継いだのは朝鮮籍といって、これは戦前に朝鮮半島からやってきた人々につけられた記号で、国籍ではありません。日本に愛着はあり、日本の子どもたちを支援する活動をしていますが、自分の生まれた境遇を否定するわけにはいかないと思っていますので、朝鮮籍のままです。ですから私はパスポートを持っておらず、それで年に五〇回ほど海外出張をします。

私が「人は生まれながらに平等であり、みなが自分の境遇を否定することなく、自由に自分の人生を決められる機会が提供されるべきである」という信念を抱いているのは、こうしたバックグラウンドによるものだと思います。

私の本業は、銀行に相手にされない途上国の貧困層の人々のための信用組合の運営です。二〇一七年一月現在、三カ国に子会社をもち、約四万人以上の人々に金融サービスを提供しています。目指すは民間版の世界銀行で、すべての途上国で現地の人々に金融サービスを提供したいと思っています。

それとともに、ライフワークとして、子どもを支援するNPO法人リビング・イン・ピースの活動を続けています。特に日本国内の子ども支援は、人生を賭けて取り組もうと思っているテーマです。

私自身の人生を振り返って気づいたことは、自分の運命を自分の力で勝ち取るためには二つのことが必要だということです。

第一は強い心です。様々な逆境に負けずになんとかするという強い意志、自分にはできるはずだという自分を信じる心が私には必要でした。そして、国内の子ども支援活動をしていて気づいたのは、そういう心は私自身の力ではなく、私を育ててくれた親のおかげで育まれたということです。すべての人が、自分の存在を受け入れてくれる大人の下で育つべきであるという信条はここから来ています。

第二はお金です。意志があっても、手元にお金がないと絶望的な状況に陥ることもあります。そういう時に、誰かが融通してくれる数万円、数十万円がいかに大切なものであるか、私は身をもって知っています。だからこそ、私は途上国の人々や、国内の貧困家庭の子どもたちに対して、金融サービスへのアクセスを提供したいと思っています。

私の人生は、「なんで自分だけ」と思うことの連続でした。何かと多くの不自由がある中で、私はずっと試行錯誤を続けてきました。ですので、生まれ落ちた境遇に関係なく、誰もが自分の運命を勝ち取ることができる世の中をつくりたいのです。

†なぜ一時保護所に関心を持ち始めたのか

私が仲間たちと作った認定NPO法人であるリビング・イン・ピースは、社会的養護下の子どもの支援を行っています。私は施設に住み込みをしたこともありますし、個人的な活動として、施設を退所したり卒業したりした子どもたちとずっと関わりを持ち続けています。

それは、頼る人がいなくなった苦しい時にこそ、声をかけられる存在が大切であると信じているからです。もちろん、限られた時間の中で面倒をみることができる人数は多くないのですが、それでも子どもたちとできるだけ時間をかけて一緒にごはんを食べたり、寝る所がなくなった青年を泊めてあげたりしています。

私が長く関わる子どもたちの多くは都内の一時保護所を経験しているのですが、みなが口を揃えて言うのが「一時保護所と児童相談所が、一番イヤな場所だった」ということでした。彼・彼女らは、次のように言います。

「あそこは地獄だ。思い出したくもない。男女間の規律が異常に厳しくて、お姉さんとの会話も許されなかった」。

「何をするにしても制限が決まっているのが本当に嫌だった。扉が二枚重ねで、すべてに鍵がかかっていた。大人がいる場所と子どもたちの生活空間の間には扉が二つあり、刑務所のようだった。悪いこともしていないのに、なんで自分はこんな刑務所のような場所にいるんだろうと思った」。

「児相の人が来て『二、三日だけでも来ない?』と言われ、二、三日ならと思って『はい』と言ったら、連れていかれて、結果として四カ月。がんじがらめのひどい場所で、自分としては騙されたと思っている」。

そういう話を聞くまで、私は児童相談所や一時保護所についてほとんど知ることがありませんでした。行政組織である児童相談所が多忙を極めていることは知っていましたが、一時保護所での子どもへの処遇についてはほとんど聞いたことがなかったのです。

私が一時保護所とその運営主体である児童相談所について関心を持ったのは、社会的養護出身者たちとの長い関わりを通じて聞いた話がきっかけでした。

†なぜ関係者全員にインタビューできたのか

社会的養護出身者、児童養護施設の職員、里親にインタビューをするのは、それほど大変なことではありませんでした。しかし、それだけでは十分ではありません。行政側の関係者と実親の話も聞かないと、物事の実情は明らかになりません。また、一時保護所の訪問と住み込みも欠かせないと思いました。

特に行政組織である児童相談所の中でも、管理が一層厳しいエリアである一時保護所を見て回るのは、容易なことではありません。普通に正面玄関からお願いに行ったら、まず拒絶されたことでしょう。

　この取材の困難さが、児童相談所についての本の多くが安易な「児相たたき」に終止している理由なのだと思います。というのも、児童相談所に取材を断られた人の取材対象は「子どもを児相に取られた」と主張する実親や、子どものみとなることが多いためです。そうすると、どうしても内容が偏ってしまいます。

　私は、そういう本を書きたくありませんでした。児童相談所で働いている人や子どもを保護された親にどうしてもインタビューをしたかったときに助けられたのが、「G1サミット」の存在でした。政治・経済・文化・公共セクターの第一人者らが集まるこの会議には、多くの首長が参加しており、私も彼らの合宿に参加し、子ども支援のあり方について協議していたのです。その首長のみなさんに協力をお願いし、各地の児童相談所を訪問するとともに、実親にも話が聞けるようになりました。そして、一時保護所への住み込みも叶えてもらいました。

　安易な「児相たたき」本でもなく、児童相談所の元職員が自らの視点で書いた本でもなく、できるだけ多くの関係者の意見を踏まえながら、状況を構造的に描き出そうと努めました。

私がリビング・イン・ピースの活動をしていなかったら、このような規模と拡がり、深さのある調査活動はできなかったことと思います。その意味で、本書はとても貴重な資料となっているはずです。

†社会的養護の全体像と本書の構成

社会的養護において、児童相談所が関わっている業務の全体像は次の通りとなります。

まず、親の貧困・虐待・疾病等の理由で、実家庭で暮らすことが最善でないと児童相談所によって判断された子どもたちは、親元を離れることとなります。その後、子どもたちの多くは児童相談所に併設されている一時保護所に平均して一カ月滞在することとなります。その後、家庭に戻ることはできないと判断された子どもは、里親・児童養護施設等（社会的養護）に措置されるか、特別養子縁組を受け、実親を離れ生活をしていくことになります。

それぞれのステップに存在している課題と、その課題解決の方向性についてもまとめてみました（図1）。これらについては、本書の中でそれぞれ触れていくことになります。

[図1]　社会的養護の課題の全体像

	現在の課題	課題解決の方向性
1. 親の貧困・虐待・疾病等により児童相談所に保護される 	**社会全体** 子どもの貧困対策の弱さ 地域コミュニティの弱体化 **児相** 負担集中による現場の疲弊 強制介入と家庭支援の両立の難しさ	抜本的な子どもの貧困対策 児相任せでなく、地域での家庭・子ども支援を強化 職権保護（介入）における司法機関との連携強化
2. 数日～1年、友人や先生らと引き離され隔離生活を送る 	一部の一時保護所では子どもの自由権が著しく侵害 学校に通えないため学業が確実に遅れ、学校についていけなくなる	地域の里親・施設による一時保護委託を原則とし、子どもが地域を離れずに保護を受けられるように 国による外部監査を通じた全国一時保護所格付けの定期的な実施・結果公表
3. 実家庭に戻れない場合、社会的養護や特別養子縁組に 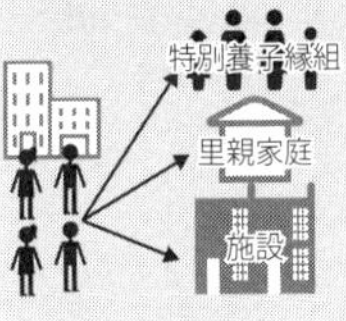	他国に比べ、低い家庭養護比率、非常に少ない予算配分 里親選定・育成・支援が不十分 施設の多くは大舎、人手不足	社会的養護関連予算の増額（主に人材採用のためのもの） 里親選定・育成・支援機能の強化(NPOや児童福祉施設も巻き込む) 施設の小舎化・専門性強化

次に、本書の構成を説明します。

本書ではまず、一時保護所とはそもそもどういう場所であるか説明します。実際の生活についてお話をした後に、子どもたちがどんな環境で暮らしているのかデータとともに示していきたいと思います。また、本書執筆の動機であった、一時保護所内虐待が存在するのかどうか、するとしたらそれはなぜ起きるのかについても、突き詰めて書いていきたいと思います。職員を悪者にすることなく、なぜそういったことが起きるのかという構造的な要因を分析するのが目的です。

その次には、一時保護所の運営主体である児童相談所について見ていきたいと思います。「激務の中で、全く子どもの対応ができていない」とダメ出しをされることの多い児童相談所ですが、子どもや親の話だけでなく、実際に献身的に働いている職員の人たちの話も聞きながら、何が問題なのか立体的に描きたいと考えています。

その後、児童相談所と社会的養護のあるべき姿について書きたいと思います。これは私だけの主張ということではなく、現場で働いている人々が思っていることとして書いています。

第１章

「一時保護所」で、子どもたちはどう過ごしているか

（1）子どもたちの一日

この本を読んでいる方のほとんどは、そもそも一時保護所がどういう場所なのかご存知でないと思います。このイメージがある程度ないと、本書で展開される課題分析や考察についてピンとこないかもしれません。

そこで、この章では、ある都市部の一時保護所の日常を描くところから始めたいと思います。

これを書くために、私は日本の一〇カ所弱の一時保護所を訪問し、住み込みも含めて時間を過ごしました。一時保護所の職員ですら他の保護所を実際に見て回ることは非常に少ないですから、私は日本の一時保護所の実情を最もよく知ることができた人間の一人だと思います。

場所が特定されないように、訪問した一時保護所の状況を組み合わせて書いていますが、実際に保護所にいたことがある子どもたちからは、読後に「全く違和感がない」と言われたことを付け加えておきます。

†都心にある「X一時保護所」の一日

X一時保護所は、関東のある児童相談所に併設されています。比較的しっかりした木造の建物で、コテージを巨大化させたものをイメージしていただければと思います。二階建てのほぼ正方形の建物で、三〇歩で隅から隅まで歩くことができます。

朝六時五〇分。電灯はどこにもついておらず、朝陽が差し込む場所を除いて、施設全体が暗く静まり返っています。

朝七時。職員たちが電気を一斉につけて、子どもたちの部屋に入ります。

「朝だよー、起きなさい」。

起きる時間は、早くても遅くてもいけないようです。三〇分早く目が覚めてしまって、プレイルームで遊ぼうとする子どもに職員が注意していました。「まだ遊ぶ時間じゃないから、お部屋で休んでなさい」と。私自身はこれまで寝坊して怒られたことは数知れませんが、早起きして怒られるのを見たのは人生で初めてでした。

職員に「なぜ早起きもだめなのでしょうか」と質問をしたら、「朝早く起きてしまうと、他の子どもがちゃんと眠れないから」と言われましたが、静かに布団を出て部屋で漫画を読んでいたりしたら問題にはならないので、不思議な回答に思いました。しかし、一事が万事こんな感じであることを後から思い知ることになります。

子どもたちは厳しい規律の下で生活しており、当然寝坊は許されません。定員三〇人のこの施設には当時二五人の子どもが寝泊まりをしていましたが、七時五分にもなるとすべての子どもが布団をたたんで寝室から出てきました。ものすごいスピードです。多くの一時保護所での生活には、異常に細分化された規律とスケジュール、それをきちんと守る子どもたちという特徴が見受けられました。

ある日、一人の幼児がおねしょをしてしまいました。多くの都市部の一時保護所と同様、ここも窓が開きませんので、ふとんを外に干すことができません。なので、職員が消毒液をつけた雑巾でそれを拭いて、風通しが多少は良好な廊下に干していました。

多くの一時保護所では、窓が五センチ程度までしか開きません。なぜそうしているのかと質問をしましたが、答えは常に同じです。「子どもたちが脱走しないためです」。

また、警備会社によって設置されたセンサーがあちこちに張り巡らされていて、そのセンサーに手を延ばすと職員室でアラームが鳴り、職員が駆けつけるようになっているところも多くありました。「一つ一つの仕組みが威圧的」と、一時保護所経験者は口を揃えます。

また、子どもたちは裸足でも靴でもなく靴下をはいて過ごさねばなりませんが、職員は全員スニーカーを履いています。なぜかと聞いたら「ああ、考えたこともなかったです」という回答が多く驚きましたが、ある職員からは「それは子どもが逃げ出しにくいようにしつつ、仮に逃げ出したときも捕まえやすいようにですよ」という答えが返ってきました。確かに廊下を靴下で走ろうとすると滑りますし、子どもが屋外を靴なしで歩いていたら周りの人々は奇異に感じて呼び止めるでしょう。唯一の例外は体育館やグラウンドで運動をするときで、このときは靴を履くことが許されます。

なお、すべての一時保護所がそうであるわけではありません。ある地方の一時保護所では、窓に鍵もなく、建物を出ていきたければいつでも出られるつくりになっていました。そこの職員はこう話していました。

「窓が開かないというような環境にいたら、自分たちは囚人なのかと子どもたちが思って苦しむ。子どもたちが一時保護所から逃げ出したいと思うとしたら、ここが子どもが避難して落ち着ける場所になっていない証拠だ」。

実際、その保護所の脱走率は他と比べ高くありませんでした。

†「お願い」をしないと、何もできない

X一時保護所の話に戻りましょう。

朝起きたあとの一時間は自由時間で、学習室やプレイルームで漫画を読んだり、おもちゃをつかって遊んだりして過ごします。手が空いている時には、職員も混じって一緒に遊びます。ある保育士の職員は、幼児たちのために紙芝居を読んでいました。テレビを見ている子どももいますが、テレビを自分たちでつけることは許されません。必ず職員に「テレビをつけてください」とお願いをしないといけません。

子どもたちが事あるごとに「お伺い」をするのも、ここでの生活の特徴です。小学校低学年の子どもたちが年上の子どもたちの学習部屋に行こうとするときには、職員に「入ります」と言わねばなりません。

トイレに行く時には、「トイレに行ってきていいですか」と職員に言わないといけません。性の問題が起きるといけないという理由で、トイレには一人ずつしか行けないため、場合によっては職員が「他の子が入っているので待つように」と制止します。

この様子を眺めながら思い出したのは、映画『ショーシャンクの空に』（一九九四年・アメリカ）です。刑務所ではトイレに行くにも看守の許可が常に必要で、長年そこにいた囚人たちにはその癖がついてしまい、実生活に出ると苦労する様子をモーガン・フリーマンが演じていました。

朝から体育館で遊べる日もありましたが、制限時間があり、その日はたった三〇分でした。一五メートル×二〇メートルの小さな体育館の中で子どもたちが全力でバスケットボールをしていました。それを見ながら、職員が私に「こうやって可能な限りガス抜きをしておかないと、暴れたりして大変なんですよ」と話し、また子どもたちのところへ混じっていきました。たまたま「ガス抜きをさせる」という言葉を使ったのかもしれませんが、そのまま取れば、ここにいる子どもたちを潜在的な暴徒とみなしているように聞こえます。

なお、私が聞いた限り最も規律が厳しいことで有名な某一時保護所では、少なくとも数年前まではとにかく子どもたちを走らせ続けたそうです。一時保護所側にはインタビューができなかったので趣旨はわかりませんが、そこにいた子どもたちは口々にこう証言します。

「とにかく、これでもかというくらい走らされた。体育館一周を走ると七〇メートルなのだけど、毎日それを五〇周走らされる、もしくは階段をひたすら昇り降りさせられる。休日か何かで近くの大きなグラウンドに行った時には、一周四〇〇メートルのトラックを年齢分走らされた。たとえば一〇歳の子どもは一〇周、四キロを走ることになる。走りきれないでフラフラになっている小さい子どもたちがいた。

おかげで走るのは得意になったけど、今も走るのは嫌いだ」。

†男女の交流は許されない

話を戻しましょう。起床後一時間の自由時間を経て、八時から朝ごはんになります。

男子が当番である場合には、男子たちが食事時間の一五分前に食堂に入り、炊事場から出される料理を一人ひとりの器に移し、それをテーブルにセットします。準備を終えたらみなが席に座り、一人だけが「食事の準備ができましたよー」と女子のグループがいる部屋に向かって声をかけます。顔を見ることは決してなく、部屋に向かって言葉を投げかける感じです。その後すぐに席に座ります。

そうすると、女子の集団は一列にならんで食堂に入ってきて、男子と目も合わせず席に座ります。特に年齢が上の子どもたちは男女のトラブルが発生しやすいとみなされているので、壁に向かって座ります。

この一時保護所では、男子と女子が口をきくことはありません。もともとは一緒に生活をしていたのですが、様々な性関連のトラブルが発生した結果、生活を分離することに決まったようです。男子は一階、女子は二階で過ごし、体育館に向かうドアも分けるという徹底ぶりになっています。

とはいえ、この保護所の建物はもともと男女がともに生活することを想定して作られており、食堂は分離することが構造上できなかったため、仕方なく男女が一緒に食事するのです。

食堂に全員が揃うと、当番の子どもがあいさつをします。

当番「いただきますをしていいですか」

全員「はい」

当番「いただきます」

全員「いただきます」

　こうして食事が始まります。まず驚かされたのは、子どもたちの食事速度です。私は普段食べるのが速すぎて、いつも相手のペースに合わせるのに苦労するのですが、その私とほぼ同じペースで、子どもたちは料理を平らげていきます。半分くらいの子どもが、一五分で食事を終わらせています。

　一五分経つと職員が立ち上がり、言います。

「おかわりをしたい人はいますか」

　約半数の子どもが手を挙げます。そして、職員は子どもたちを炊事場近くに呼び、順番におかわりを与えます。一度に席を立ってよいのは一人だけです。

　そして、二五分後には全員が食事を終えます。

　自分の学校時代のことを思い出してみると、これはかなり異様です。二〇分程度で食事を終えて運動場で遊んだりしていた生徒もいましたが、それは少数派だった記憶がありま
す。大多数が三〇〜四〇分くらいかけて食事をして、一部はもっと長い時間をかけていた

印象があります。

子どもたちを観察していて、食事が速い理由がわかりました。私語やおふざけが全くないのです。食事中、おかわりの時間を除いて席を立つ子どもは皆無です。私が小学生だった頃は、よく誰かがふざけて席を立って他の子どもにちょっかいを出していたものですが、そういうことが一切ないため食事のスピードが速いのです。

特に、男子職員がいるときは食事時の静けさが増しましたが、ある職員によると、以前は私語すらなかったそうです。

「私がやってきた三年前には、食事時間にひそひそ話をする児童すらいませんでした。さすがに食事が全くおいしくないので、少しずつ私から話をかけるようにして、やっとこの状態になったんです」と、彼は話していました。

男女が交流しないための仕組みは、食後においても徹底しています。炊事場に食器を戻す場合には、男子小学生、男子中高生、女子小学生、女子中高生、幼児の順番で戻していきます。

食事を終えたら、すぐに歯磨きをして、その後またしばしの自由時間です。

†「学習時間」の実情

そして八時四五分にチャイムが鳴り、職員たちは子どもに席に着くように促します。八時五〇分から読書の時間が始まります。みな漫画を読んでいました。多くの子どもにはそもそも漫画以外の本を読むという習慣がないためです。本棚には数百冊の本がありますが、そのうち七割程度は漫画で、有名な漫画の多くが全巻揃っていました。

読書の時間を終えたあと、平日には学習時間があります。一回四五分の学習時間が三回あり、合間に一〇分間の休憩が入ります。学習時間といっても、学校の授業のようなことがされるわけではなく、それぞれが自分のレベルにあったプリントを解いたりするだけです。ある職員が話していました。

「勉強がよくできる子どもで、学力は学年マイナス1くらい。漢字をまともに読めない子どもが多い。今いる中学生たちに小学生レベルの漢字テストをさせたら、五〇点を超えた児童は一人もいませんでした。ここで自信を喪失してもよくないので、あらかじめテスト問題を見せておいて、それを解かせたりしていますが、なかなか大変です」。

実際、この一時保護所にあるプリントは、一番上のもので中学三年生レベルまでしかありません。ごく稀なケースを除いて、これで事足りてきたそうです。

プリント学習にならざるを得ないのは、この一時保護所の職員がすべての子どもたちの状況に合わせて勉強を教えたりはできないからです。更に加えると、この一時保護所の指導員（いわゆるケア職員）は八割が元体育教師で、そもそも勉強を教えていたわけではないこともあります。なぜ体育教師が多いかというと、腕っ節がある程度強い職員でないと、子どもたちの集団を抑えこむことができないから、だそうです。

学習時間は午前中で終了します。四五分×三、すなわち合計で二時間強、読書の時間を合わせても二・五時間にしかなりません。この一日平均学習時間二・五時間というのは、全国の一時保護所の平均にほぼ近い水準です。すなわち、よほどの場合を除き、一時保護所にいる間は学業が大幅に遅れることになります。とはいえ、それは「一般の子ども（何をもって一般とするかは難しいところです）」に比べてであって、一時保護所にやってくる子どもには不登校であるケースも多く、ここにきて数年ぶりに机に向かって勉強をしたという子どももいるほどです。

†トラブルを避けることが第一

朝と昼の自由時間の間に、一部の職員が引き継ぎに入ります。職員室で二〇分程度で行われ、子ども一人ひとりの様子が細かに報告されます。「Aは足が痛いと言っていたが、その後の様子を見る限り大丈夫そうだ」、「おもちゃの取り合いでBとCがけんかをしそうになった。お互いの言い分はかくかくしかじかで、途中で鎮静化したが、継続的に注意が必要かもしれない」、「D（女子）が髪の毛を縛らないでいる。もしかして若干色気だっているのかもしれない」といった具合です。

職員たちが子どもの状況を事細かに覚えていることに驚かされますが、私が何度も寝泊まりをしている児童福祉施設での引き継ぎとは何かが違うと思いながら参加していました。何度か参加しているうちに、その違いに気が付きました。それは、引き継ぎで共有される内容が基本的に何らかのトラブルに発展しうる事柄に限定されているということです。子どものより良い成長や発育のために何が必要であるのか、という視点を感じることはできませんでした。

それは、ここが一時保護所であって、長期的に子どもの成長に関与する場所ではないからなのかもしれません。しかし、都市部の多くでは平均一時保護期間が四〇日以上になり、数カ月もここにいる子どもが少なくない現状に鑑みると、トラブル対策だけでいいのかという疑問がわいてきます。

一部の職員が引き継ぎをしている間、保護所内にいる職員数は足りなくなります。そういった場合、職員は基本的に全ての場所を見渡せる場所に立ち、目を配っています。

一時保護所で子どもが自由時間を過ごすスペースには、ハサミはおろか、鉛筆のような先が尖ったものはほとんど置かれていません。子どもが衝動的にそれらを凶器にしてしまうと、大変なことが起きるためです。

実際、子どもたちのけんかの火種はそこら中にあります。たとえば、小学校低学年の子どもがブロックで遊んでいて、自分が欲しいパーツが取られてしまったときに、こんな感じで話が一分でエスカレートします。

「ねえねえ、そのパーツぼくにちょうだい」

「いやだよ」

「おねがい」

「やだ」

「なんでだよ、ふざけんなよ」

「てめえこそふざけんなよ」

「は、てめえやっちまうぞ」

「やってみろ、ころしてやっから」

人間は、かなりの程度において環境の産物です。小学三年生にもならない子どもたちがこういった話し方をするのには、親やその他の大人の影響が非常に大きいと思われます。

こんなことがあると、元体育教師の男子職員からの声が飛んできます。

「こらー、けんかすんじゃねえ」

八割が元体育教師だからか、男子職員は基本的に怖い印象を与える人が多く、言葉遣いも荒々しいです。一昔前の学校に一人や二人はいた、棒きれを持ち歩いている生活指導の先生を思い出します。

†子どもたちの不安定な精神状態

この一時保護所では、一定数の子どもたちが精神安定剤を飲んでいます。これはここ数年の特徴で、発達障害や精神上の障害を抱えた約二割の子どもたちは、コンサータやエビリファイといった薬を毎日服用しています。子どもによっては、体重に対してほぼ許容可能ギリギリの水準で飲んでいます。

職員いわく「飲まないと荒れてしまって、さらに他の子どもに暴力を振るったりすることもあるので医師から処方がされる前提で飲ませる。実際薬を飲んだら落ち着くこともあり、慢性的にならない限りにおいては服薬をしたほうがいいのではないかと思っている」とのこと。

少し話がそれますが、虐待やネグレクトなどを受けると、子どもの脳は様々なダメージを受け、それが精神的な障害や衝動的な行動につながると、多くの医療関係者が指摘しています。誰かと愛着関係を築いていないことから起きる障害を愛着障害といい、これは一部では第四の発達障害ともいわれるほど、子どもの成長にとってハードルとなっています。愛着障害がある子どもの行動特性は、ＡＤＨＤ（注意欠陥多動性障害）と非常に似ているそうです。

そのようなダメージを受けた子どもが立ち直るためにやるべきことは非常にシンプルで、その子に愛情を注ぐことです。親や親代わりの人々が深い愛情をもってその子どもに接し抱擁などのスキンシップをとることは、子どもの心を回復させるために大きな役割を果たすそうです。日本でも、子どもの利益を真剣に考えている里親家庭や児童養護施設では、新しく小さな子どもがやってきたときには、まずはその子を毎日抱きしめながら眠って、三カ月を過ごすところから始めます。それが、その子の今後に大きな好影響を与えるからです。このように、大人による抱擁の持つ力は非常に大きいと考えられており、私は小さな子どもたちが何かよくできたら頭をなでて抱きしめるようにしています。

乱暴な言葉を言ったもののうまく感情を抑えられて、相手に「ごめんなさい」と言うことができた男の子に「よくできました」と頭をなでてハグしていたときでした。職員から、こんな言葉が飛んできます。

「ほら、人に抱きついちゃいけないと言ってるでしょ」

ダメな理由はまた同じ。性の問題、だそうです。

†入浴も管理、使う紙も管理される

さて、話を戻しましょう。その後、一三時半から体育その他の時間になります。体育館で運動することが多いですが、場合によっては外のグラウンドに出られることがあります。

出られるのは職員数に余裕があり、子どもが逃げ出したときにすぐに追いかけられるような場合だけです。

一五時からはおやつの時間で、食堂で食べます。

その後はまた自由時間ですが、この時間から子どもたちは風呂に入ります。男女はもとより、同性どうしでもいたずらをするようなことが起きて以来（性器をなめさせる、など）、すべての子どもが一人で入浴するようになりました。

そうなると、一五時過ぎから夕食の一八時までの三時間で、すべての子どもが一人ずつ入浴しないといけません。当時、この保護所にいたのは男女合わせて二五人でした。結果として、一人あたりの入浴時間はたった一五分。ゆっくり湯船に浸かることは許されません。まるでリレーを走っているかのようなスピード感で、子どもたちはお風呂に入っては出ていきます。

それぞれの子どもには入浴とともに、自由時間にしなければいけない掃除も割り当てられています。掃除機がけ、机拭きといったことを一五分程度で行います。

自由時間に使う紙の枚数も、厳格に管理されています。というのも、紙を使って子どもたちが自分の個人情報（自宅の電話番号やメールアドレス、通っている学校など）を他の子どもに明かす可能性があるからです。紙には通し番号がふられており、遊び終わったら紙を回収します。それを職員が数えて、すべてそろっているかを確認します。

個人情報を明かすのが厳しく禁止されているのは、「その子どもの素性が知れてしまい、さらに出所後にトラブルに巻き込まれるのを防ぐため」だそうですが、いまいちピンときません。それが正しいのであれば、社会的養護（施設や里親家庭）に入った後にも、徹底的な箝口令《かんこうれい》をしかないと整合性がとれないようにも思えます。もちろん、一時保護所には非行などの理由で来ている子どもも一定数いますので、個人情報保護の重要性が高いことは理解できますが。

この規律と関連して、印象深い出来事がありました。私がたまたま千円札を子ども部屋に落としてしまい、それを見つけた子どもが職員に届け、私に戻ったということがありました。その後、ある子どもから「ねえねえ、ちょっと」と小声で呼ばれ、職員の死角になる部屋の隅に引っ張られました。

職員の目が届いていないことを確認してから、彼は私に耳打ちします。「お金落としたでしょう」と。一体どんな重大な話があろうかと思っていた私は、拍子抜けすると同時に驚きました。そんなちょっとしたことでさえも、個人的な出来事を話すことがはばかられるような雰囲気がここにあるのかと思ったわけです。

†眠りも監視される子どもたち

一八時からは夕食で、例のごとく三〇分もかけずに平らげた後には歯磨きをして、一八時半からは一日の振り返りの時間になります。みなが日記を書き、今日の出来事、よくできたこと、できなかったこと、明日やることを書きます。

その後は最後の自由時間で、幼児は一九時半には部屋に入り、職員が寝かしつけます。他の子どもたちも、高校生も含め二〇時には部屋に入るように促されます。部屋に入る際には、テーブルライトと本・漫画一冊を持ち込むことが許されます。

この一時保護所には個室がなく、一部屋に三〜五人の子どもたちが入っています。部屋には張り紙があり、そこでは布団を敷く場所、誰がどこに眠るのか、枕をどっち側にするのかまで指定されています。「定めておかないとけんかをするし、子どもたちが頭を付きあわせて眠るようにすると、トラブルが発生する確率が高まるため」だそうです。

小学生は二一時、中高生は二二時に完全消灯になった後も、しばらくの間職員たちは部屋の外に無言で立っています。子どもたちと話すようなことはほとんどなく、監視しているかのような異様な光景です。

ある関西の一時保護所を経験した青年は、この時間についてこう言っていました。「何も悪いことをしていないのに、監視のように職員が外に立って部屋の中を見ている。あんなのじゃ気持ちが悪くて、眠ろうとしても眠れない」。

†真夜中の一時保護所の出来事

子どもたちが大げんかをするようなことがなければ、二二時半くらいからは静かな時間が訪れます。宿直の職員たちは交代で仮眠を取りながら、日誌を書いていきます。

しかし、夜が何事もなく平和に終わることはそんなに多くありません。一時保護所の職員は、ここからも大変な時が多いのです。真夜中に虐待通告の電話が鳴れば電話当番の職員とともに対応する必要がありますし、警察が子どもを真夜中に連れてくることもあります（「身柄つき」と略称されます）。そのような場合には、新しくやってくる子どもが泊まる場所の準備や基本的な説明、明日以降の方針づくりをしないといけません。このような事態に対応をする頻度は非常に高く、仮眠さえきちんと取れないことが少なくありません。

私が住み込んでいた日も、二三時頃に電話が鳴りました。病院に運び込まれた一歳一カ月の男児の左手の上腕部と右足首が同時に折れている、と言います。電話をしてきた医師は「親は転んだと言っていたが、通常であればこの二カ所が一緒に折れるということはまずありえない。親による骨折時の状況説明もうまくできていない」と言い、虐待を疑っています。まずは電話相談員と保護所の職員で対応をしていましたが、午前二時には虐待班の職員が元旦にもかかわらず出勤してきました。

真夜中に電話で話しあい、児童相談所としては、まずは子どもを保護したほうがいいだろうという判断になりました。

問題は、どこで保護するかです。虐待対応係の職員はこう言います。

「この病院では一時保護委託（一時保護を保護所ではなく病院、児童福祉施設、里親家庭などに委託して行うこと）することはできないと言っています。一時保護をするような隔離できる病棟が残っていないからです。他の病院へ一時保護委託をする場合にもソーシャルワーカーの仲介が必要になりますが、祝日だから、そのソーシャルワーカーがつかまらない。となると、三日間だけでも一時保護所で保護することが必要になると思います」。

一時保護所の職員さんたちはこう答えます。

「一歳一カ月の子どもを受け入れるのであれば、つきっきりで対応しなければいけないが、今の自分たちの体制では対応できる職員がおらず、ほぼベッドに放置するということになってしまうと思う」。

何がベストな対応であるかについて話しあった結果、翌日にこの幼児はこの一時保護所にやってくることになりました。長い一日が終わったのは、午前五時のことです。

このように、一時保護所では、子どもたちも厳しく管理されて苦しい思いをしていますが、職員たちもなかなか気が休まらない状態で勤務しており、どちらにとってもストレスが大きくかかる状況になっています。

(2) 保護所間格差は、なぜ起きているのか

†別の一時保護所に住み込み、保護所間格差を知る

ここまで読まれて、一時保護所はとんでもないところだと思われたかもしれません。実際、私が最初に住み込みをしたのはこの都心のX一時保護所でしたので、これは確かにひどいと思いました。

しかし、全国を回り、様々な一時保護所を訪問し住み込みをするうちに、全く違う場所もあることがわかってきました。

たとえば、神奈川県の中央児童相談所は比較的都市部にあるにもかかわらず、一時保護所は「保護所」という名前にふさわしい場所になっていました。

まず私が訪問して驚いたのは、ドアがすべて内カギであることです。鍵はすべて内側か

らかけるようになっており、子どもたちは鍵を開けて自由に外に出ることができます。さらに、外にはセンサーもなく、窓ガラスも当然のように全開できますし、子どもを外界と隔てる高い壁も存在しません。

所長さんは、「当たり前のこと。ここは保護所であって、子どもを守るための場所なのだから、子どもが逃げ出したがるような場所であるほうがおかしいと思います。子どもが脱走するのであれば、自分たちのやり方がちゃんとしているのか、それを考えるべきでしょう」と話します。

ここにいる子どもたちは毎週のように職員と外出をすることも、広いグラウンドで運動をすることもできるそうです。当然、夜寝室の前に監視するように立っている職員もいません。

また、子どもたちと職員たちのやりとりで印象的だったのは、子どもたちが職員にかなり生意気な口をきいたりすることです。もちろん丁寧な言葉遣いができたほうが望ましいのですが、これは子どもたちが安心している証拠でもあります。規律でがんじがらめにするような一時保護所では決して見られない光景でした。

実際、子どもたちが児童養護施設や里親家庭にやってきて最初に行うのが職員や里親に対する反抗です。規律の厳しい多くの一時保護所では、こういった態度をとる子どもはいませんでした。それは力で子どもを押さえつけているだけで、子どもの心の成長においては決して望ましいものではありません。

第一順位は、子どもの福祉

良い一時保護所では、職員のチームワークも優れていました。必ずといっていいほど、リーダーである所長が好人物であり、その所長を慕うかたちで職員が一致団結して子どもに寄り添おうとしています。言葉の端々から、仕事の第一順位は子どもの利益にあり、保護所内で問題を起こさないことではないことがわかります。あくまでも傾向ですが、そういった子どもの側に立った運営がされている保護所では、福祉職採用をされた職員が少なくとも過半数を占めていました。

こういう保護所では、良い学習支援職員を採用しています。最も多く、かつうまくいっているケースは、引退したベテラン教員を採用して、その人が子どもの学力に合わせてかなり細やかに問題を準備していました。学校の学習環境には劣るものの、最大限の努力がされています。

更に言えば、こういった子どもの権利に配慮している保護所ほど、一時保護期間が短い傾向があります。子どもにとっては息苦しい場所ですから、一時保護の後の行き先が早めに見つかるような議論を入所時からしているのです。

良い一時保護所とそうでない一時保護所には、概ねこのような違いがあるように私は感じました（表1）。もちろん、実際の保護所はこの幅の中のどこかに位置しており、極端に良い保護所、悪い保護所というものが存在することは稀です。

この章を通じて、現状における一時保護所のだいたいの雰囲気はつかんでいただけたのではないかと思います。次は少し現場を離れ、子どもたちを取り巻く状況がどうなっているのかをマクロの視点から話していきましょう。

[表1]　良い一時保護所と悪い一時保護所の比較

	在所経験者の評価が低い一時保護所	在所経験者の評価が高い一時保護所
規律	非常に厳しく、問題行動に対しては個室隔離や厳しい叱責が待っている	他の子どもの権利を守る限りにおいて存在し、罰則等も存在せず、問題行動は職員が受け止める
職員の言葉遣い	粗暴で基本的に命令口調	保育園のように柔らかく、子どもの意思を聞く話し方
職員と子どもの関係	命令と服従の関係、幼児を除き職員に甘える子どもはいない	ある程度対等な関係になっている、タメ口をする子どももいる
移動の自由	窓ガラスは開かない、外カギ、窓の外にはセンサー、職員との外出も稀	ガラスは全開、内カギ、センサーはない、望めば頻繁に外に出られる
学習	学習指導経験のない職員が千篇一律に問題を配布	子どもの状況に合わせて作られた学習指導
優先順位	問題が起きないこと、完全な平等が守られること	そこにいる子どもが安心しておだやかな時間を過ごせるようになること
職員の人間関係	事務的な関係	リーダーを中心にチームとしてまとまっている
子どもの人間関係	ストレスが常に高いため、よくケンカや諍いが起きる	リラックスしているため、相対的にトラブルが少ない
一時保護期間や状況説明	長くなる傾向にある。状況説明もほとんどなされない	短くなる傾向にある。可能な限り状況も説明する

第２章

子どもたちの生活環境

――様々な証言から

（1）職員と、そこで生きる子どもたちのギャップ

この章では、一時保護所内での子どもたちの生活環境について書いていきます。第1章で書いたことはいくつかの保護所の個別事例ですので、ここではデータをもとに記載をしていきます。

なお、『一時保護所の子どもと支援』（安部計彦編著・明石書店）や全国児童相談所所長会議の資料など、子どもたちからアンケートをとった本やレポートなどがいくつか存在しますので、それらも参考にはしました。しかし、基本的には居住エリアの面積などといった計測可能なものを除き、私自身が取材を通じて得た情報を頼りに書いています。というのも、本来であれば、こういったアンケートは非常に有用な情報になりえるのですが、一部の一時保護所でかなり抑圧的な運営がされているという現状に鑑みると、アンケート調査によって子どもたちから正直な回答が得られているかどうかが疑わしいからです。なお、

データに関しては、和田一郎らによる「一時保護所の概要把握と入所児童の実態調査」が最もまとまっており、本書も各所で「和田（二〇一四）」として引用しています。

†職員と、保護所にいた子どもの話のギャップ

児童相談所経由で行ったアンケートを使用しないと決めた背景には、一時保護所の職員と子どもは同床異夢となっていると感じたからです。たとえば、ある時期に同じ一時保護所にいた子どもと職員にインタビューをすることができたのですが、二人のものの見方はかなり食い違っています。

カワサキさん（元職員）の話

――Y県の中央児童相談所の一時保護所で働いて、印象に残っていることは何ですか？

この県のある一時保護所では、私が働き始める一、二年前に虐待死の事件があったそうです。そのために、虐待に関してはかなりピリピリしていた時期でした。保護所内の非常勤の職員が児童虐待で逮捕されるという事件も起きていました。そういったことから、「子どもの人権は守れ。虐待はするな」とかなり注意されていました。しかしむし

ろ、新人からすると、その前までは、「子どもを拘束しない（別室隔離）」、「子どもから殴られても殴り返さない」というのが当たり前でなかったということに衝撃を受けました。

――仕事は忙しかったですか？

普通でした。基本的に日勤と夜勤の二交替制で、一五人くらいの子どもを九時～六時まで見ます。児童相談所でも児童福祉司は忙しく働いていますが、基本的に児童指導員の仕事はシフトが決まっていて安定しています。もちろんいきなりの「一時保護受け入れ」といったことはありましたが。

ただし、子どもから目を離すとトラブル発生を未然に防げないので、勤務時間中の休憩時間はほとんどありませんでした。

――死角を作らないというのは大切だと思いますが、結果として子どものストレスになるのではないでしょうか？

見ないふりをして見る練習が必要なんですよ。子どもたちの就寝時間も同様です。それができていないと、子どもたちに「監視されている」という印象を与えてしまうと思います。

――子どもの指導員をしている際に、気をつけていたことは何ですか？

この児相は結構忙しい場所で、数多くの子どもを見ていました。子どもの感情表出行動（いままで虐待する親から自分の身を守るために抑えていた感情が、安心できる場所に移ることで表に出るようになり、それが大人への非常に反抗的な態度などで現れること）をつぶしていくだけで精一杯で、心のケアまでする余裕がありませんでした。

子どもと一緒に生活をして（職員の泊まりは月に五、六回）、子どもが「何がしんどかったのか」とポロリと言える関係をつくることを目指していました。

――子どもの権利を守るという観点から、何を変えるべきだと思いましたか？

相談課の職員と保護課の職員、すなわち、子どもの親やその後の方針を考える児童福祉司らと保護所で働く指導員・保育士のやりとりが、もっと活発であればよかったのではないかと思っています。子どもが「おれ、最近面接ないなあ（だから、まだ外には出られないのだろう）」と不安定になることが多かったです。そういった子どもの声を指導員や保育士が感じ取り、それを児童福祉司と共有するだけで、子どもの不安を和らげることができたのではないかと思います。

――あなたは、その後Z県に移りましたね（序章のエリコさんがいた県）。そこは違いましたか？

違いにびっくりしました。Y県の一時保護所では子どもが外部に移動することが禁止され、子どもたちは竜宮城みたいな生活をしていた。それに対して、Z県の一時保護所では子どもたちにかなり自由があり、のびのびとしていたように思います。

フユキさん（保護所にいた子）の話

――Y県の中央児相はどうだった？

地獄でした。着るものは三種類に決まっていて、自分の服は着られず、遊ぶ時間も決まっていた。窓があるものの、窓からは外を見られないようになっていました。

大人がいる場所と子どもたちの生活空間の間には扉が二つあり、その両方に鍵がかかっていて、刑務所のようでした。悪いこともしていないのに、なんで自分はこんな刑務所のような場所にいるんだろうと思いました。

——地獄だった、というのは、決まった生活をすること以外が許されなかったから？

はい。「職員たちには家があって、二四時間ここで生活しているわけじゃない。家で生活できるからこんなことに耐えられるんだ」と思っていました。あの人たちには、私たちの気持ちなんかわからないと思います。

——他にも嫌だったことはある？

何をするにしても規則が決まっていて、監視されているのが本当に嫌でした。絵を描くのが好きだったのに、絵の紙は一日三枚までと決まっていた。使うと、「今日は◯枚目」とチェックされていた。

誰かと遊んでいると、職員がいつも見張っている。眠る時もドアの前に立っている。直接こっちを見ているわけではないんですが、監視されていることなんてわかるんですよ。そういうのが一つひとつストレスでした。

――一時保護所に来る前に、友だちに伝えたりすることはできた？

いや、そんなことはできなかったです。あっという間でした。私の親は潔癖症で、私にも触れることができなかった。私は玄関で寝たりさせられていた。親は靴を履くことすらできず、家から出られなかったんです。

それを近所の人が見ていたのか、児相の人がきて「二、三日だけでも来ない？」と言われました。「二、三日なら」と思って「はい」と言ったら、一時保護所に連れていかれた。そして、私はそこに四カ月いました。騙されたと思っていて、長い間根に持っていました。

――職員さんたちは威圧的だった？

威圧的な感じではなくて、それぞれの人たちの物腰は柔らかかったのだけど、一方で全体の仕組みそのものはとても威圧的でした。一回「なんで、うちらはこんな生活せないけん」という不満をぶつけたことがありました。

――あとどれくらい保護所にいなきゃいけないかについて、児相の人が説明してくれたりはした?

定期的に児相の人が話してくれたのだけど、内容はよく覚えていません。いきなり、出発二、三日前にD県の児童養護施設に行くと言われた。自分の家から遠く、行ったこともない場所だったので、そこに行くと聞いて驚いたし、不安な気持ちになりました。他のみんなとあいさつをすることもなく、児童相談所を出ました。でもみんな知っていたみたいで、私の名前なしの寄せ書きをしてくれました。

この話を聞いた私は、実際にシフトが決まっていてある程度の心の余裕を持って働いている職員と、そこに閉じ込められ明日もわからない不安を毎日かかえて生きている子どもたちの間のギャップを思い知りました。

（2）一時保護所の運営を規定するもの

一時保護所における子どもたちの生活はどのように定められ、どのように運用されているのでしょう。

厚生労働省の「児童相談所運営指針」の第5章は、一時保護の基本的な運営方針を定めています。各事項について、運営指針にはどのように書かれているのかを紹介した後に、実態について考えてみたいと思います。

†ほとんどの一時保護所では、子どもは外出できない

運営指針は一時保護中の子どもの行動自由の制限について、次のように書いています。

4　行動自由の制限

（1）行動自由の制限

一時保護中は、入所した子どもを自由な環境の中で落ち着かせるため、環境、処遇方法等について十分留意する。無断外出が頻繁である等の理由により例外的に行動自由の制限を行う場合においても、できるだけ短期間の制限とする。

（3）制限の程度

子どもに対して行い得る行動自由の制限の程度は、自由に出入りのできない建物内に子どもを置くという程度までであり、子どもの身体の自由を直接的に拘束すること、子どもを一人ずつ鍵をかけた個室におくことはできない。

では、実態はどうなのでしょう。先述の「和田（二〇一四）」の調査によると、子どもの自由についての実態は次のようなものです。

まず移動の自由は基本的に制限されている場合がほとんどであり、友人など同年代の子どもたちへの連絡も禁止されていることがわかります（表2）。

建前上は、たいていの一時保護所において指導員や保育士と一緒での外出は許可されていますし、実際に職員と子どもが外出していることも多いと説明しています。しかしなが

［表2］　外出や情報交換の許可

	許される	やや許される	あまり許されない	許されない
子ども同士の住所交換	93.6%	0.0%	2.7%	3.6%
子ども同士での外出	7.3%	0.0%	0.0%	92.7%
子どもから家族への手紙	40.9%	37.3%	12.7%	9.1%
子どもから友達への手紙	1.8%	10.0%	20.9%	67.3%
子どもから学校の先生への手紙	31.8%	32.7%	21.8%	13.6%

〈「一時保護所の概要把握と入所児童の実態調査」（和田、2014）より〉

ら、それは「病院に行く」といった場合などに限られている場合が少なくありません。

私が訪問した都市部の一時保護所に「だいたいどれくらいの頻度で、子どもたちは散歩などの外出ができるのですか？」と聞いたところ、「そうですねえ、二、三ヵ月に一度くらいですかね」という答えが返ってきました。二、三ヵ月に一度の職員つき外出があるということで、外出の自由が保証されていると言うのには無理があるように思います。もちろん、いくつかの一時保護所では、毎週のように子どもが外出できます。

†外出ができない理由とは何か？

外出が不可能とされる理由として私がよく説明を受けたのは、次のようなものです。

第一の理由は、子どもの安全確保です。

一時保護においては、子どもを職権保護（児相が親の同意なしに子どもを保護すること。後に詳述）などで連れてくる場合があるため、親が半狂乱になって一時保護所に押しかけてくるといったことがあります。そのような状況において、いくら職員が一緒とはいえ、外出によって子どもが危険にさらされるかもしれないということです。また、外出中に地域の人に見つかってしまったら、その子どもが児童相談所に保護されていることが明らかになり、その子どものその後に悪影響があるという意見も聞かれました。

確かにそうかもしれませんが、半狂乱になった親権者が押しかけてくるのは一時保護所に限った話ではありません。児童養護施設や里親のところにも親が押しかけてくるという話はよく聞かれることです。また、施設や里親家庭に一時保護委託をした場合には、子どもの外出の自由は当然保証されるのですから、首尾一貫性がないように思われます。

第二の理由は、外出中の子どもの逃走防止です。

確かに職員が一人で三人くらいの子どもを見ていた場合、示し合わせて逃げ出したら、すべての子どもをその場で捕まえることは難しいでしょう。

しかしながら、ちょっと考えてみてほしいのは、そもそも子どもが逃げ出したがるような保護所とは一体どういう場所なのだろうかということです。子どもたちは犯罪を犯してここにやってきたわけではありません。一時保護所が子どもにとって心休まる場所なのであれば、そもそも逃亡などは起きないのではないでしょうか。

第1章で紹介したような、開くことのない窓や靴を履くことが許されない環境など、多くの保護所では、子どもたちが逃げ出すことを前提にまるで監獄のように様々な制度が設計されています。そもそもそれが間違っているのではないかと思われてなりません。繰り返しになりますが、虐待などが理由で親から保護された子どもをどこかに閉じ込めて、逃げ出したくなるような気分にさせる場所となっていることこそがおかしいのではないでしょうか。

これは私の個人的な見解というよりも、厚生労働省の児童相談所運営指針に書かれている内容でもあります。

件の運営指針は、子どもの無断外出を防ぐための方策について次のように書いています(第5章第3節6)。

(1) 一時保護所からの無断外出は子どもの最善の利益を損なうことにもつながりかね

ないものであり、児童相談所としても、できる限りこれらの防止に努める。具体的な対応は、子どもの状態や当該児童相談所の体制に基づき工夫していくこととなるが、例えば、一時保護所からの自由な出入りを制限する、その子どもを他の子どもとは別の部屋で生活させ常時職員の目が届くようにしておく、その子どもに特別な日課を用意する、といった対応もケースによっては採りうるようにしておくことが考えられる。

まず、子どもの自由な出入りを制限するのは、「ケースによっては採りうる」ものであって、常時そのようにするのが望ましいとはどこにも書かれていません。

また「子ども虐待対応の手引き」第5章8-(2)-[4]には「職員との交換日記などで、自分の思いや気持ちの変化を引き出していったり、慣れてきたら職員が散歩に連れだすなどして、1対1でゆっくりと子どもが気持ちを出せるような機会をつくる」と書かれているのですが、そんなことを行っている一時保護所はほとんどありませんでした。

第三の理由として言われているのは、「忙しすぎる」というものです。

普段の業務に手一杯なので、そういった普段の日課にないようなことをするのができない、というのが主張です。

確かに職員のみなさんは忙しそうにはしていますが、児童相談所の中でも、一時保護担当の職員たちは家庭支援の児童福祉司たちと違って、定時で、もしくはわずかの残業で仕事を終えてさっさと帰宅している印象があります。積極的に残業を推奨するわけではありませんが、たった一時間勤務時間外労働をすれば、子どもたちを外出させることができるのではないかと思われます。結局のところ、忙しさはあくまでも口実であるような印象を私は受けました。

†学校に行けないため学業は確実に遅れる

運営指針第5章第3節3-(7)には、一時保護期間の学習について次のように書いてあります。

(7) 教育・学習指導

一時保護している子どもの中には、学習をするだけの精神状況にない、あるいは学業を十分に受けていないために基礎的な学力が身についていない子どもなどがいる。このため、子どもの状況や特性、学力に配慮した指導を行うことが必要であり、在籍校と緊密な連携を図り、どのような学習を展開することが有効か協議するとともに、取り組むべき学習内容や教材などを送付してもらうなど、創意工夫した学習を展開する必要がある。

また、特にやむを得ず一時保護期間が長期化する子どもについては、特段の配慮が必要であり、都道府県又は市町村の教育委員会等と連携協力を図り、具体的な対策について多角的に検討し、就学機会の確保に努めること。

実際問題として、一時保護所での学習時間は、子どもの学力に配慮した指導ができるような状態にはない場合がほとんどのように思います。たった二、三人の指導員だけで小学生から高校生までのすべての子どもたちを担当する状況では、子どもの状態に合わせて学習指導をするのはほぼ不可能です。相当数の一時保護所では学習ボランティアや学習指導専門の非常勤職員を採用していますが、そうでない場所では、職員が子どもの学年に応じたプリントを機械的に配っていました。

多くの一時保護所における学習時間は、漫画を含めた読書、もしくは学習プリントを解

[表3]　一時保護期間の登校の扱い

	小学生	中学生	高校生
出席扱い	65.1%	64.8%	10.4%
欠席扱い	7.3%	7.4%	38.7%
不明	4.6%	4.6%	17.0%
その他*	22.9%	23.1%	34.0%

*その他は主に「学校・校長の裁量による」という回答
〈「一時保護所の概要把握と入所児童の実態調査」（和田、2014）より〉

くということに費やされ、子どもの状態にあった指導をしているとはとても言えません。

もちろん例外もあります。奈良県の一時保護所には、学習指導を専門とするとてもすばらしい非常勤職員がいました。校長先生まで勤められた方で、「ここにくるのは、多くが勉強をまともにしたことがない子どもたち。元教師として悲しい。ここにいる間に、ほんの少しでも学力をあげてほしい」と、自分で問題集を作成し、子ども一人ひとりの学力水準に合わせてカスタマイズした問題を出していました。

一時保護期間の子どもたちの平均学習時間は二・四時間程度で、今まで学習をしていない子どもにとっては大きな進歩ですが、これまで学校にきちんと通っていた子どもからすると、一時保護期間に学業で大きく遅れを取ることになります。「和田（二〇一四）」によると、一時保護期間の在籍学校の出欠の扱いは表3のようになっているようです。

私が訪問した多くの一時保護所においてプリント等を通じて学習を進める科目は国語と数学（算数）、場合によっては社会などにとどまり、通常学校で学ぶものに比べると明らかに範囲が狭くなっています。もともと勉強がある程度できる子どもであっても、一時保護期間が長くなるほど学業が遅れ、学校に戻っても勉強についていけなくなり、それが不登校の原因になることもあります。

小学校・中学校は義務教育なので、欠席扱いとなっても卒業はできますが、問題は高校です。一時保護期間が二カ月におよび、学校で出席扱いがされないと、その子どもは留年せざるを得なくなります。留年となれば、同年代の子どもが進級するなかで学校にとどまることは難しく、中退する子どもが多くなります。

このような話をすると「多くの子どもたちは元々中退予備軍であり、一時保護をせずとも中退していたはずだ」という反論があります。しかし、最終的な意思決定をする権利が本人に与えられている状態と、そうでない状態との間には、機会の平等や自己決定権の観点から大きな違いがあるように思います。

先に紹介した指針では、一時保護期間が長期化する子どもについては特別の配慮をすることが呼びかけられていますが、そのような対応をするほど職員たちに余裕がないことがほとんどのようです。実際、私の訪問した一時保護所で、学業維持に配慮して学校に通うことが許された子どもは、一〇〇人のうち一人といった感じでした。

†窮屈な生活ルール

次に、生活ルールを見ていきましょう。衣食住と通信をとりあげます。

一時保護所にやってくる際に私物の持ち込みが許可されているケースは全体の四割弱にとどまり、過半数の保護所において子どもたちは基本的に着の身着のままでそこにやってきて、生活をしています（「和田（二〇一四）」より）。やってきたとたんに服を含めた私物をすべて取り上げられ、保護所内に置いてある服を選び、それを着ることから生活が始まるといったことが少なくありません。中には下着まで保護所のものを選ばないといけないところもあるそうで、ある子どもは「パンツに番号が振られていて、どこの中学生が番号のついたパンツなんか履くんだと思った」と話していました。

おもちゃやぬいぐるみなどの私物の所持が許可されるケースは更に少なく、少なくとも私が訪問した一時保護所でそういったものの保有が許可されていることはありませんでした。こういった私物は、特に小さな子どもにとっては親との絆の象徴でもあり、心の安定のためには欠かせないものであったりもするのですが、「他の子どもが不公平を感じるといけないから」、「そのおもちゃが原因でケンカになるといけないから」といった理由で禁止されています。子どもたちは保護されてここに来ているはずなのに、何かが倒錯している気がしてなりません。

食事は学校の給食のように食堂にて集団でとります。児童養護施設などでは食事などの生活ユニットが家庭に近いものになるよう、少人数でとれるように工夫していることが多いのですが、そういった工夫は見られませんでした。

食事中の私語も禁止されていることが多く、子どもたちは黙々と食事をします。それは私語のやりとりが子ども同士のトラブルに発展することを避けるのが目的であるという説明をされました。おかわりなども自由にできるわけではなく、「食事開始から何分後に一回まで」といった具合です。何分後からおかわりができるか決まっているのは、食べるペースが速い子どもがご飯を独占しないようにするためとのことでした。

食事の味に関しては、あくまでも私見ですが、保護所間でかなり差があるように感じました。いくつかの一時保護所では普通の料理店と同じくらいにおいしく、そうでない保護所では全く味がしないくらいまずい、といった具合です。

［図2］　居室一部屋あたりの定員数

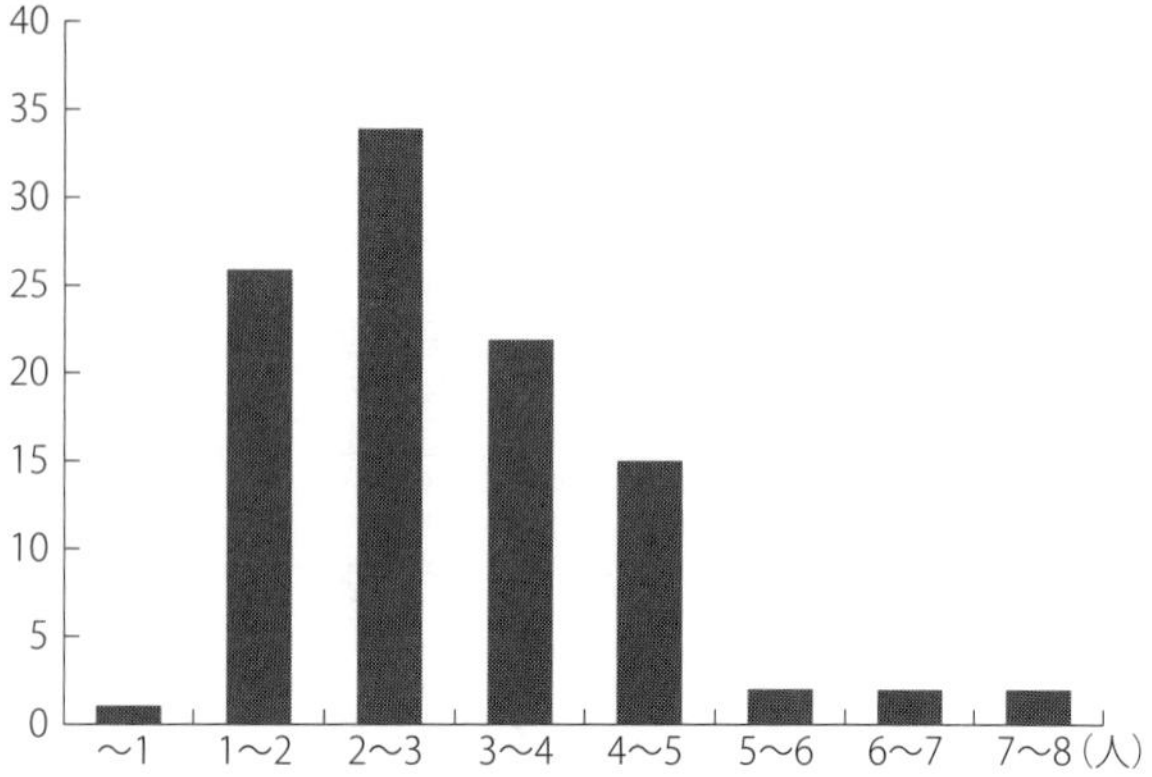

〈「一時保護所の概要把握と入所児童の実態調査」（和田、2014）より〉

†制限されるコミュニケーション

住環境に関しては、一部屋あたりの定員数は三人が中央値となっており、多くの子どもは一人部屋を持たず集団生活をしています。少なくない一時保護所で子どもの就寝時間に職員が扉の外に立って監視しているのも、子どもたちがトラブルを起こさないかを確認するためです（図2）。

子どもの住環境に関して、一部の一時保護所では深刻な事態に陥っています。一時保護をする必要がある児童が増えるとともに、子どもの入所期間が長期化した結果、一時保護所の入所率が一〇〇％を超えている一時保護所が全体の七％となっているのです。その多

［図3］　2014年度全国134一時保護所における平均入所率（稼働率）

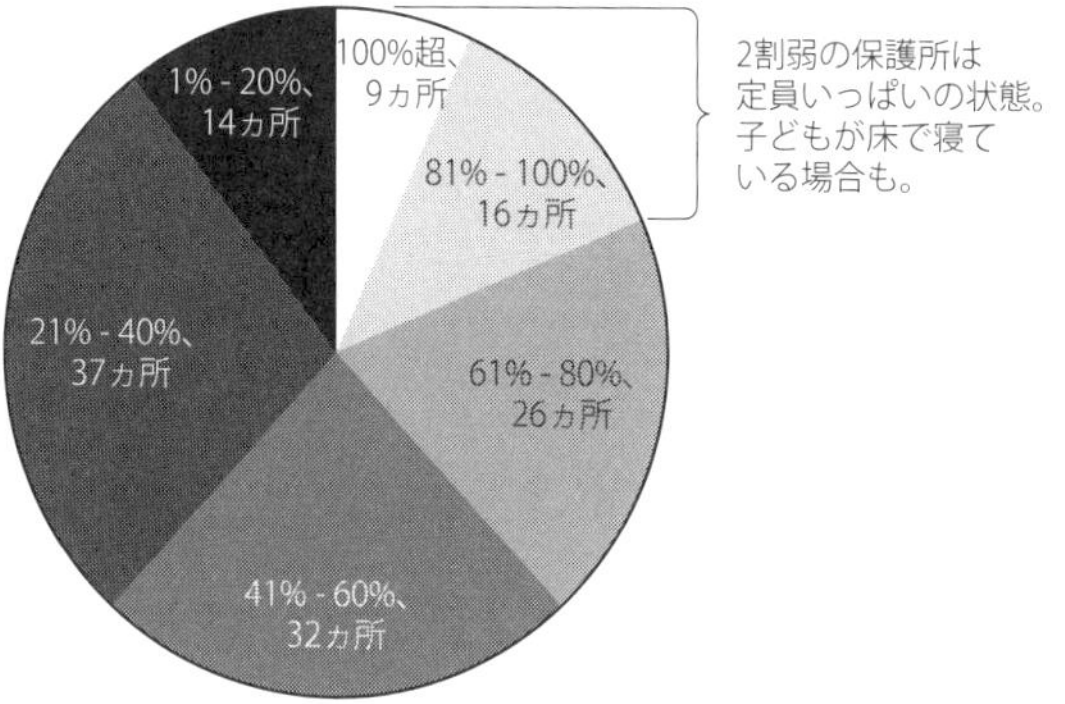

〈児童相談所関係資料〉

くは都心の一時保護所で、子どもたちが夜中に廊下に布団を敷いて眠っているという状態になっています（図3）。

全体で四割の子どもたちは、男女別の生活をしています。特に定員の多い一時保護所の多くではその傾向が強いようです。ただし第1章で記述したように、建物の構造上食堂を分けることができないという理由から、食事だけはみなが同じ部屋で食べることが多いようです。

男女別生活が行われる理由は性的なトラブルの発生を防止するためで、一時保護所の六割がこういったトラブル対応に苦慮しているといいます。性的虐待を受けた子ども、親から性的なものを見せられてきた子どもたちは、その結果として性的なトラブルを起こしやすくなっています。それは異性同士に限った話ではなく、同性同士でも起きることです。

特に、保護所内でそういったトラブルが起きた後には男女隔離は厳格になりがちで、男女で話し合うこと自体が禁止されていることも少なくありません。このルールは兄弟姉妹であっても適用されます。

最近では小さい子どもも携帯電話などを持っていますが、一時保護所にいる間に一時的に没収となります。よって子どもは外界との通信を基本的に遮断されます。子どものプライバシーを保護するという観点から、ほとんどの一時保護所で子ども同士の住所交換を禁止しています(それでも、なんとかして情報交換をする子どもたちは一定数いるようです)。

唯一許されている通信手段は、手紙であることがほとんどです。家族への手紙を許可している一時保護所は全体の約八割、学校の先生への許可は六割、友人への許可は一割と非常に少なくなっています(表2)。そもそもこのご時世に手紙を書いてやりとりをする子どもが多いとはいえず、多くの子どもたちは完全に外界と隔絶された生活を送ることになります。

私たちは普段様々な人々とコミュニケーションを取りながら暮らしており、禁止されたときに感じる孤独感や不安は非常に大きいものです。私自身、一時保護所に住み込みをする際には、自分をすべての通信から隔離してみましたが、たった数日間携帯電話をオフにして一時保護所で過ごすだけでも息が詰まりました。

（3）ルールを破ったら、どうなるのか

†個別対応——罰か、振り返りの時間か

ここまでは、一時保護所における大多数の子どもの生活とその規則について書きましたが、ルールを破った子どもたちに起きることについても書いておきたいと思います。

すべての一時保護所でそうだというわけではないのですが、特に都市部の一時保護所などでは、ルールを破った子どもに対して「個別対応」という名の下で別室隔離をすることがあります。

こうした一部の一時保護所では、暴れたり、他の子どもに自分の個人情報を教えたりする子どもは「個別対応」の対象になります。たとえば、食事時間にイライラすることがあって机や椅子をドンドンと鳴らしたり、通っている学校やメールアドレスなどを教えたり、

というようなことです。

「個別対応」というのは、子どもがまた集団に戻ることができるまで個室または個別ブースに隔離することです。子どもを個別対応にするかどうかは、その時にいる一時保護所の職員の判断によって決まります。職員らに余裕があれば話し合うこともありますが、基本的にはその場の判断で職員が決め、その後に今後の対応方針を職員同士で話し合うという運用がされています。

ある一時保護所の個別対応部屋は畳四畳の狭い部屋でした。暴れている子どもが入るため、壁がところどころ壊れ、畳がむしられています。机や椅子なども凶器になりうるので、部屋に置いてあるのは大きなタンス一つのみです。

個別対応の時間は三時間から数日にまで及び、その期間、トイレの時間などを除き、その子はこの四畳部屋から出てくることができません。

そこでやることとは、本を読んだり、作文（反省文）を書いたりすることです。場合によってはケースワーカーや心理士などがやってくることもありますが、基本的に放置されます。保護所の職員も他の子どもを見るのに忙しく、その個室に入っていって子どもと一対一で話すことはほとんどありません。よって、個別「対応」というのは名ばかりで、行われていることは、個室や個別ブースに放置して何らかの作業をさせるということです。

個別対応に入った子どもが書いた作文は、たとえば次のようなものです。一部個人情報関連で伏せ、読みやすさのために改行している以外は原文ママです。誤字なども含めてそのままにしてあります。

「昨日あったことを書いてください（職員の字）

昨日夜に日記の時間漢字をほとんどつかわずに日記をかいた。そして、そのまま学習室にはいろうとしてせんせいにちゅういされた。それで、その時に日記をなおしてからはいれといわれたのに日記は直さずにAに本をもらった。そして、先生が日記を治すまで本をあずかっておくといったのに、ゆうことをきかないで本をとりあげられたらつくえやいすをたおしてつつじ（注：個別指導部屋の名前）にいった。

食事の時間にBたちがぼくのことをはなしていたからイライラしてゆかをドンドンしてと中で食事をかたづけてつつじにいった。

そのあとつつじにいってておしいれみたいなところにはいってかべをなんかいもけって

せんせいがきたときにかべをどんどんけりながら、うるさいだまれあっちけとかたくさんいった。」

「人にちょっかいを出したり、いやなことを言ったりすると、相手はどんな気持ちになるでしょうか（職員の字）

今日のおやつのときにC君にばかとかはげとかまるこめくずとかいなことばをかけてあいてをいやな気もちにしてふかくはんせいします。もうやらないってやくそくできます。

Cくんにさいていなことをいってしまったことをには、もうさいていなことなのでぼくは、ふかくはんせいします。これからとくにきをつけてこうどうします。がんばります。

あとこまったときは、先生をよぶとやくそくしたのによばなかったけっかけんかになりました。あのとき先生にゆってC君に先生からゆってちゅういしてもらったらよかったのにそんなのもしないでけんかになりましたが、ほんとうにさいていなことばをゆってしまいました。こんごゆったりしませんやくそくします。
もうやぶりません。ちょうしにのりません」。

ある一時保護所では、反省文の内容が満足できるものになれば、「儀式」として保護所長からの訓戒が行われ、その後にまた子どもの集団に戻っていきました。職員は「この保護所長からの訓戒がよく効くので、基本的にそうしています」と話していました。

その職員は「これは、罰というわけではないのです。また子どもの集団に戻っていくために自分を振り返る期間です」と話します。実際に、カッとなってしまった子どもが自らすすんで「個別対応用の部屋に入ってゆっくりしたい」と言うこともあるそうです。

とはいえ、こんな狭い四畳部屋に閉じ込められることを一種の拷問と感じるのは私だけではないでしょう。事実、その職員に「じゃああなたは振り返りのために、この部屋に入って一週間を過ごしたいと思いますか」と質問したら、答えは返ってきませんでした。

また、都内の一時保護所を経験した子どもからは、「ルールを破ったら『個別』(注:個別対応のこと)にされた」という話が多く、個別対応=罰という認識が基本であるように感じられました。夜に一冊しか読んではいけない漫画を隣の子どもと交換しただけで「個別」にされた、といった話まで聞いたことがあります。

職員は誰も個別対応を罰とは言いませんが、実質的には個別対応が子どもに対する罰として機能し、それが規律を守らせる強制力として作用しているようにしか見えませんでした。

†規律の厳しい施設には、出身母体や出身者と関連が

また、この個別対応における反省文を見ながら、改めて気づいたことがありました。それは、一部の一時保護所の運営のされ方が非常に学校的・少年院的（それも一昔前の）だということです。

このことは、ある県では一時保護所の職員らが教員で占められており、またある自治体ではもともと児童自立支援施設（非行・虞犯の子どもを預かる施設）が一時保護所に改変されていった、というような事情と無関係ではないように思います。言葉でうまく説明できない側面があるのですが、抑圧的な一時保護所とそうでない一時保護所では、そもそも足を一歩踏み入れたときに子どもや職員の表情から感じられる雰囲気が全く異なっているのです。

やけに抑圧的な一時保護所では、子どもたちは悪いことをしたら何らかの反省行動を強制され（たとえば廊下に立たされる、場合によっては暴力を振るわれるなど）、それを職員側は「子どもたちの反省のための機会」と考えているように感じられました。

抑えこむようなやり方で子どもを指導すると、確かに従順になるでしょう。しかし、これで本質的な解決がもたらされるのでしょうか。

抑圧的な一時保護所では、人間は教育と養育によって成長するという認識が欠けているような気がしてなりません。前者を担う組織の代表格は学校、後者のそれは家庭です。

学校などの教育現場においては、規律に基づいたある程度強権的な制度があり、子どもたちはそれに従うことを学びます。これはこれで重要なことで、規律を遵守するという思考回路がこの時期に成立していないと、その後の社会生活では様々な苦労をするからです。また同時に、この規律の中で子どもたちは学習をし、知識を得ていきます。ハードとソフトという区分けをするのならば、教育は子どもの成長においてハードの側面であるということができるでしょう。

一方で、ソフトの側面を担当するのが養育です。

養育は多くの場合家庭において行われ、そこは規律よりは自由、命令よりは受容が重視される場所です。多少のしつけというものがされてはいるものの、養育環境においては基本的に子どもを受け入れる大人の存在があり、その中で子どもが愛着関係を築き、自己肯定感を育んでいくことになります。ドストエフスキーが最後の大作である『カラマーゾフの兄弟』において、「誰かに大切にされた経験はどんな辛いことでも生き抜く力になる」といったことを書いていますが、まさにこれを言い当てています。

教育と養育は子どもの成長における両輪であり、両者がバランスよく存在してこそ、人は本当の意味で成長をします。しかし、抑圧的な一時保護所では、生活のすべてが規律によってコントロールされており、教育はあっても養育の観点は感じられません。そこでは子どもが心から安心を感じることはできないのではないかと思います。

養育の観点が不足しているシステムの中で子どもが育つと、どうなるでしょうか。発想が弱肉強食的になるようです。強い人間が力をもって規律をつくり、弱者を押さえつけるということを正当化する世界観、すなわちニーチェが『ツァラトゥストラ』で語ったような「道徳とは強者がつくるもの」という考えが、その人の基本的な世界観になるのです。

実際、一時保護所にいたある子どもはこう話していました。

「本当にすごいことだと思うけど、俺はあそこにいて世界観が変わったと思う。施設に行ったあとも基本的に大人を信用しなくなったけど、それは多分あそこで始まっている。それと、あそこでの生活を通じていじめに対する罪悪感も減った」。

そんな一時保護所が存在することが、許されるでしょうか。

†厳しい規律の理由

なぜ、個別対応をちらつかせ、そこまで強い規律を一時保護所で課する必要があるのでしょうか。そこには、単に一時保護所の運営主体のバックグラウンドだけではなく、その保護所が置かれている状況にも原因があるように思います。

規律が厳しくなる理由として第一にあげられるのは、一時保護所には非行、被虐待、精神障害の三種類の子どもが入ってくることです。

非行少年の中には、家出や万引きといった軽度のものから、放火といった重いものまで様々な罪を犯した子どもがいます。虐待を受けた子どもたちは心に傷を抱えており、ちょっとしたことでそれが爆発することがあります。さらに発達障害があり、育てにくさのあまり親に育児放棄をされた、といったような子どもまでいるわけです。一時保護所にいる子どものうち約二割は発達障害を抱えているという統計もあります。

こういった子どもたちを一カ所に集めて、集団生活を維持するのは大変なことです。「普通のゆるい規律で子どもたちが生活するようにすると、トラブルが絶えなくなってしまうんです。荒っぽい子どもたちが、親からの虐待でおびえている子どもをいじめたり、精神障害の子どもが暴れてしまったり……」と、ある職員の方は話していました。「全く異なる背景を理由にここにやってきた子どもたちが集団生活を送り、すべての子どもの安心と安全を守るという最低ラインをクリアするにはどうすればいいのか。自分だってあまり抑圧的なことはしたくないが、個別対応をちらつかせながら、子どもたちを従順にさせる以外にやり方が思いつかない」と、ある職員は話していました。

第二の理由は、職員数の少なさです。

一時保護所で大変なのは、入ってくる子どもの年齢構成や抱えている問題が毎月のように変わっていくことです。たとえば二歳の幼児が入ってきたら、一人の職員はその子どもにつきっきりで対応しないといけなくなります。また、何らかのトラブルを起こす可能性が高いと思われる子どもが来た場合にも、職員はその子どもから目が離せなくなります。そんなことがあると、残された職員は一人でより多くの子どもの対応をする必要に迫られます。

　こういった状況では、どうしても規律を固めて、その中で子どもたちが規則正しく生活するような規則を立てざるを得なくなります。一時保護所内の職員数が不足しているという意見は、ある調査では全体の八割に上っていました。


　第三の理由として個人的に感じているのは、本章の冒頭のエピソードからもわかるように、そもそも職員が子どもの状況について想像力を持っていない場合が多いことです。

　同じ場所で時間を過ごしながら子どもの状況を想像できないなんてことがあるのかと疑問に思うかもしれませんが、職員と子どもの間には決定的な違いがあります。それは、職員はいつでも外に出ることができ、一時保護所にいる時間は生活の一部でしかないのに対し、子どもは寝ても覚めても一時保護所内でのみ時間を過ごしているという点と、職員はルールをつくり順守させる立場にあるのに対し、子どもはそれに従う立場であるという点に代表されます。

　よほど想像力と感性が豊かな人であれば別だと思いますが、そうでない人にとっては、相手の置かれた状況を理解するのは容易ではないのです。個人的には、すべての一時保護所の職員に対して、子どもと全く同じ状態で三週間ほど生活することを研修の一環として受けさせたほうがよいのではないかとすら思います。懲罰的な意味を込めて言っているわけではなく、そうでもしないと、子どもがどれ程の不安と被抑圧感を抱いてそこで暮らしているのかを理解できないのではないかと思うのです。

もちろん事情の異なる子どもたちを混合処遇しないことや人員配置の改善も重要ですが、それが改善されなくとも職員らの姿勢次第で一時保護所の雰囲気はだいぶ変わるのではないかと感じています。神奈川県の中央児童相談所の一時保護所などは、首都圏にあるにもかかわらず、比較的子どもが落ち着いて過ごしています。そこの職員の方たちと話していて感じたのは、子どもに寄り添おうとする意志でした。この児童相談所の所長は次のように話していました。

「一時保護期間は、子どもに寄り添うことが一番大切です。いろんな不安を抱えながらこの子たちはここにやってきます。そういった子どもたちに温かくて美味しいご飯と、規律でがんじがらめにはならない生活を提供するのが私たちの仕事です。そして、子どもと向き合って話を聞くという姿勢が必要なのではないでしょうか」。

†滞在日数の長期化がもたらす弊害

ある一時保護所の課長は次のように話していました。

「私であっても、携帯電話を取り上げられて、閉じ込められた場所で生活していると、一週間で気が狂うと思う。しかも、こういうところに来る子どもは、そもそも様々な意味で『不健康』な子どもなのに。

いくら私たちが必死にやっても、子どもたちが『ここは牢屋だ』と思うのはどうしようもない。子どもたちはカゴの鳥のような心境だろう。先日も二カ月以上ここにいる女の子が、『私がここに〝連れてこられてから〟、もう二カ月になる』とこぼしていて、心が痛かった。一時保護期間は、短くあるべきだ」。

この言葉を確かめるために、私も年末年始に携帯電話の電源を切って一時保護所の中から全く出ずに二泊三日を過ごしてみました。たった二泊三日であるにもかかわらず、住み込みを終えて外に出た時の解放感は言葉で言い表せないものでした。

ある子どもは一年以上いたために、途中で精神が参ってしまったようです。職員がこう言います。

「その子は途中までは結構がんばってたんですけど、さすがに後半は切れてしまいました。いつも暴れまわって、他の子どもたちに悪態をつき、夜も大声で叫ぶ。いやあ、いつも対応に苦労して本当に参りましたよ」。

被害者は、こんなところに一年間も閉じ込められていた子どもの側であることは自明でしょう。

遊び盛りの子どもが三〇メートル四方くらいの空間に閉じ込められ、場合によっては土に触ることすら許されない状況は異常です。どんなに中での生活を改善したとしても、一時保護所においては子どもの自由権や学習権が侵害されます。悪いことをしたのは親であるのに、子どもがこんな扱いを受けるのはフェアなことなのでしょうか。よって、最も重要なことの一つは一時保護を文字通り一時的なものにして、一時保護期間を短縮することです。

しかしながら、近年において一時保護期間はどんどん長期化しています。図4にあるように、子どもたちの平均在所日数は二〇〇三年には二〇・四日だったのが、二〇一三年には二九日となっており、約五割長期化しています。しかも、近年においては、「疑わしきは保護」という原則を掲げ迅速に一時保護を行い、すぐに自宅に戻るようなケースも増え

［図4］　子どもたちの平均在所日数

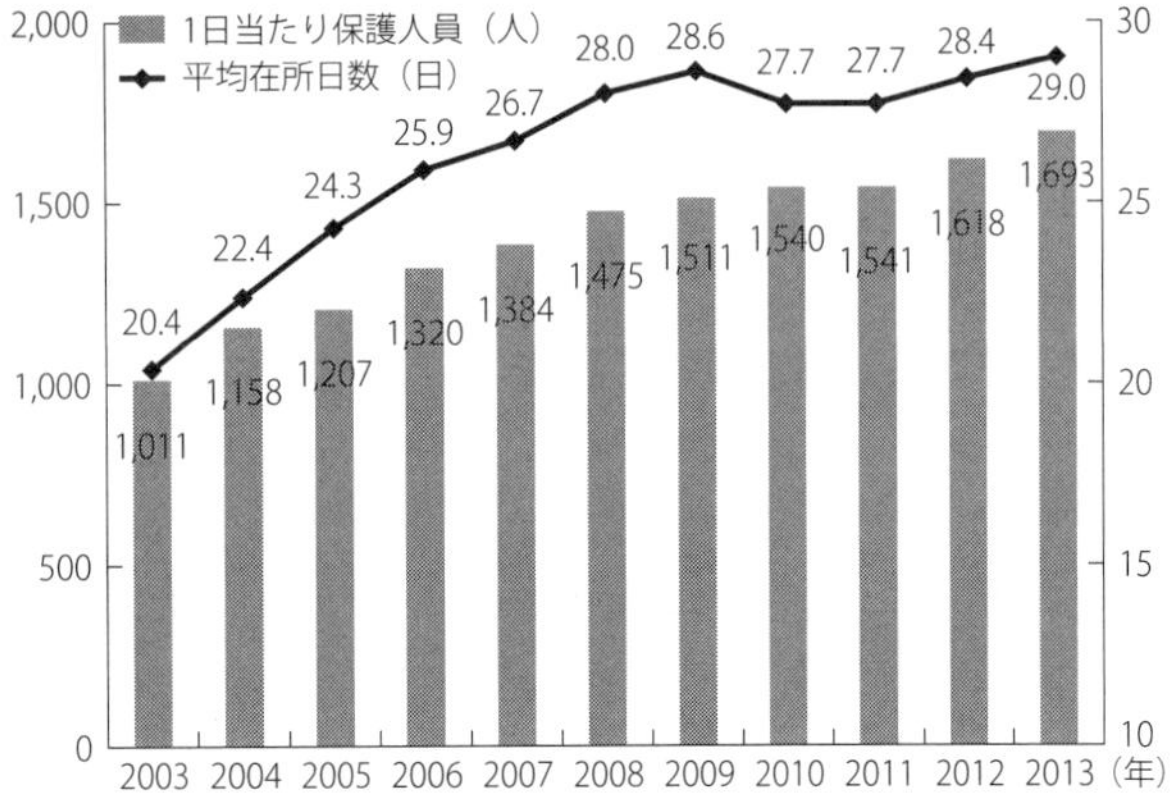

〈福祉行政報告例（厚生労働省大臣官房統計情報部）2013年〉

ているにもかかわらず一時保護期間が増えているのです。実際、一時保護期間の分布を見ると、二カ月以上一時保護所にいる子どもが半分以上といったケースも少なくありません。

多くの都市部の一時保護所では、一時保護期間が一年を過ぎるような子どもが必ず一人や二人はいます。子どもが仮に一週間だけでも家庭などに戻っていると、一時保護期間がまた0からカウントされるため、表面には出てこないのです。

また、全国の都道府県および自治体で一時保護期間は大きくばらついています。関東のほとんどが四〇日超であり、なかでも横須賀市は平均在所日数が六一・二日となっています（図5）。なお、この在所日数の中には一時保護委託は含められていません。

様々な子どもが保護されている中で、保護期間が長期になりがちなのは、虐待などにより傷ついた体験が深く、施設や里親が敬遠する子どもたちです。ただでさえ大変な思いをしているのにもかかわらず、そういう子どもたちほど、窮屈な一時保護所内で長期間を過ごさないといけないというのは胸が痛みます。

一時保護件数の増加が原因なのか？

一時保護期間の長期化の原因としてよく話されるのは、一時保護件数が増加していること、虐待対応が多すぎて児童相談所がパンク状態で一時保護後の話が後回しになってしまうこと、措置先である児童養護施設や里親等の定員がいっぱいであること、空きがあるとしてもその施設や里親が子どもと相性が悪く、なかなか良い先が見つからないことなどが挙げられます。

実際に、データで見てみましょう。図6と図7は地域の児童相談所の福祉司一人あたりの人口および相談対応件数と一時保護期間を比較したものですが、両者の間に強い関連性は認められませんでした。

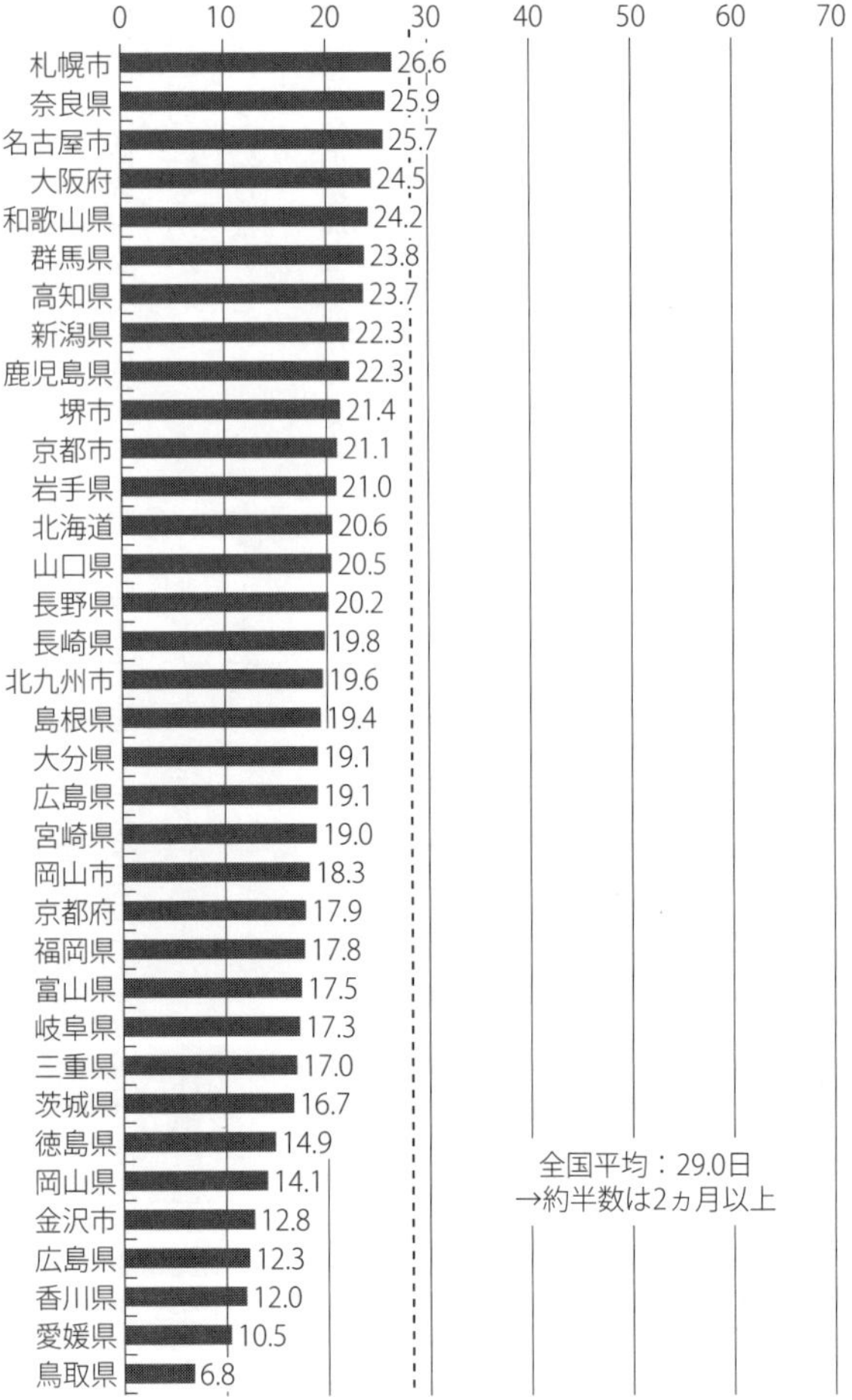
0
10
20
30
40
50
60
70
札幌市 26.6
奈良県 25.9
名古屋市 25.7
大阪府 24.5
和歌山県 24.2
群馬県 23.8
高知県 23.7
新潟県 22.3
鹿児島県 22.3
堺市 21.4
京都市 21.1
岩手県 21.0
北海道 20.6
山口県 20.5
長野県 20.2
長崎県 19.8
北九州市 19.6
島根県 19.4
大分県 19.1
広島県 19.1
宮崎県 19.0
岡山市 18.3
京都府 17.9
福岡県 17.8
富山県 17.5
岐阜県 17.3
三重県 17.0
茨城県 16.7
徳島県 14.9
岡山県 14.1
金沢市 12.8
広島県 12.3
香川県 12.0
愛媛県 10.5
鳥取県 6.8
全国平均：29.0日
→約半数は2ヵ月以上

［図5］ 児相を設置している都道府県市別の一時保護所平均在所日数

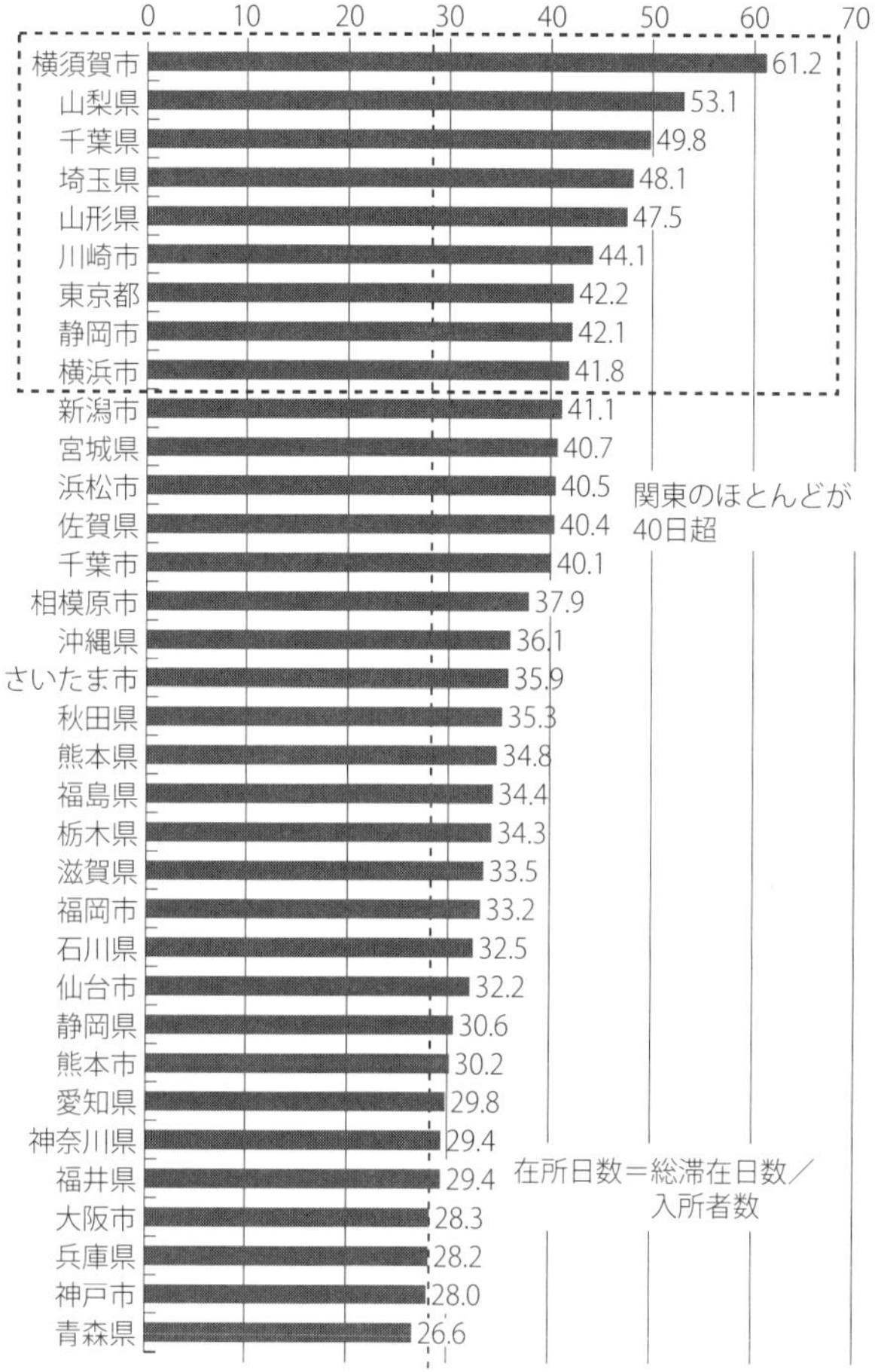

〈福祉行政報告例（厚生労働省大臣官房統計情報部）2013年〉

［図6］　人口／児童福祉司と一時保護期間

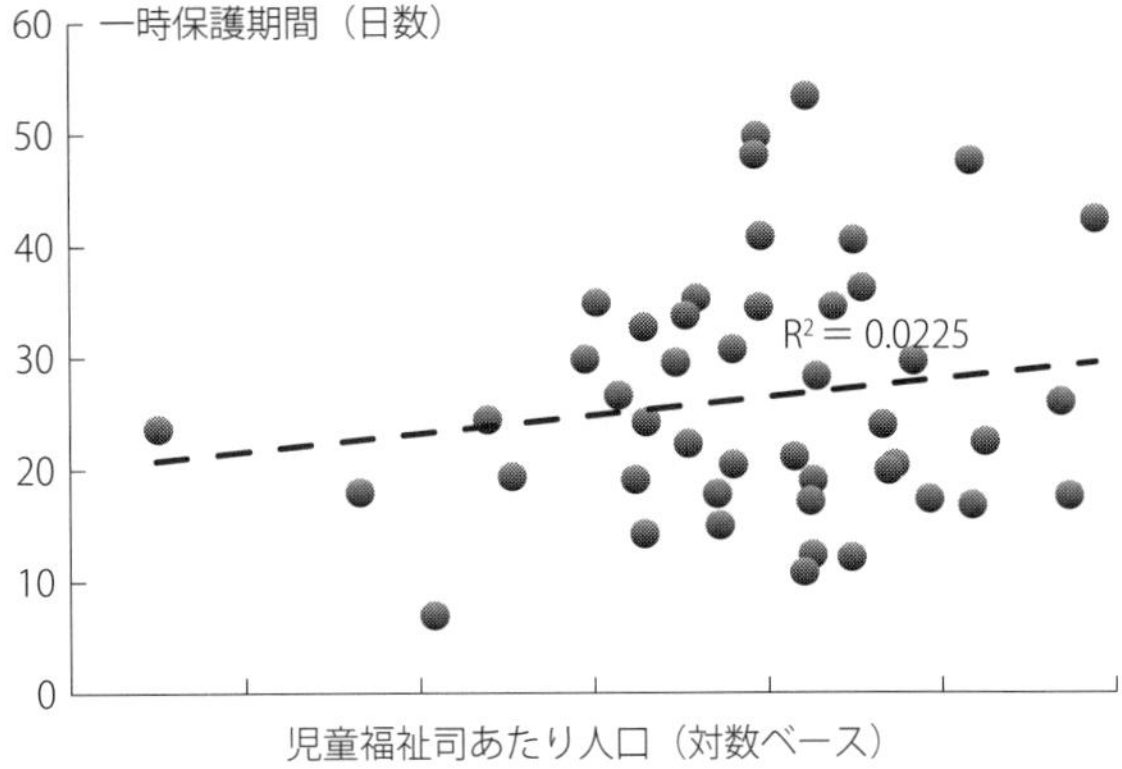

［図7］　相談対応／児童福祉司と一時保護期間

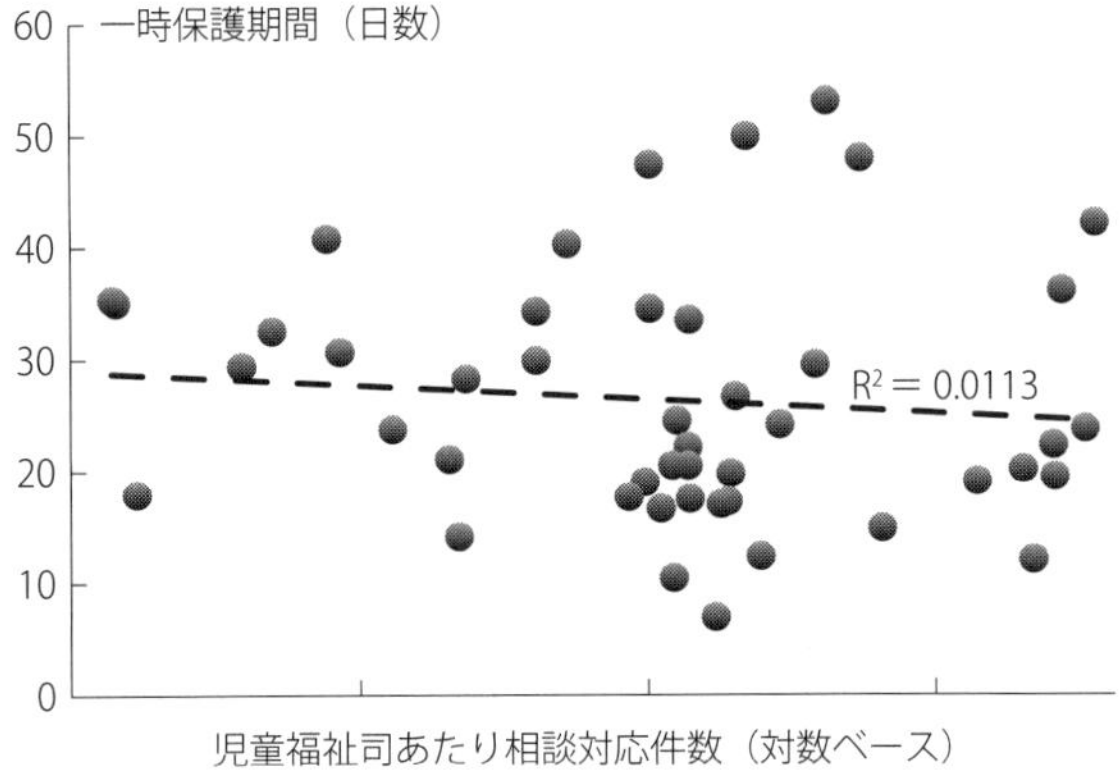

〈一時保護期間は（和田、2014）、児童福祉司数は（厚生労働省「児童相談所関係資料」2015年4月）、人口は国勢調査、地域あたりの相談件数は厚生労働省「福祉行政報告例」〉

一方で、児童あたりの社会的養護の定員数、特に児童あたりの社会的養護の空枠数は、一時保護日数と明確に相関しています。よって、児童福祉司がケースで忙しいことよりも、社会的養護に入る子どもの行き場が存在しないことが、一時保護日数の長さにつながっているといえます。とはいえ、これはあくまで傾向であり、一時保護日数の長さには児相の本気度が大きく影響を与えているというのが個人的な感想です。

†鳥取県の取り組み

先の全国の一時保護期間をみると、鳥取県のみが一〇日を切り、六・八日となっています。鳥取県の児童福祉司は一九人しかおらず、職員一人あたり年間約四〇件の相談対応を行っており、その数は全国平均とほぼ同じになっています。では、なぜ鳥取県の児相における一時保護期間が短いのでしょうか。

鳥取県の児童相談所の現役所長および、歴代四所長にお話をうかがう機会があったのですが、次のような点を徹底していることが、他の都道府県と違うように思います。

第一に、一時保護が始まる前から児童福祉司が集中的に関わり、すぐに子どもの行き先が決まるように取り組んでいて、「二週間以内に子どもの行き先を決める」というのを目標にしています。また鳥取には全国でもトップクラスの施設である鳥取こども学園があり、同学園は里親の育成・支援にも積極的に取り組んでいます。そのため、児相が安心して子どもを預けられる社会的養護の担い手が相対的に多いのです。

第二に児童相談所内での部門間の分断がないこと。これは規模の小さい児童相談所だからということもあるかもしれませんが、児童福祉司と児童指導員・保育士がかなり頻繁にやりとりをしているため、一時保護期間に実施すべき観察や調査も短い期間で終え、子どもが次のステップに移る準備ができているようです。大きな児相では、どうしても部門がタテ割りになってしまいがちです。また、「心理の仕事は花形」といったような非論理的な上下関係のある児相も多く、そういう所では部門間の協議は難しくなります。

第三に、里親および施設と児童相談所の関係が良好で、定期的に協議をしているため、急な保護があってもすぐに対応できること。多くの地域では、児童相談所、里親、児童養護施設の間の関係が良くないのですが、鳥取ではこれらが良好であるため、たとえば保護期間が長期化すると思われたら、すぐに一時保護委託に切り替えることができます。

若干皮肉なことではありますが、特別に短い一時保護期間を誇る鳥取県の一時保護所は、子どもにとってかなり評判がよい場所となっています。たとえば、東京の保護所を経験した子どもを鳥取の児童養護施設で預かる際に、事務手続きの関係で一時期だけ鳥取の一時保護所に入る必要が生じたことがあったそうです。その子どもは「絶対に児相に泊まりたくない」と言っていたのですが、懸命に説得をして鳥取の一時保護所に泊まったところ、「東京と全然違う」と驚いたといいます。そして、鳥取の一時保護所については「またあそこに行きたい」という声が少なからず聞かれました。

鳥取の中央児童相談所内の一時保護所は、子どもがゆるやかに時間を過ごすことができ、規律も厳しくなく、料理もおいしく、子どもからの評判がよい所です。

鳥取に限らず、子どもが安らかに時間を過ごせる一時保護所ほど、一時保護期間が短い傾向があるように個人的には感じています。それは、そういった児童相談所では「子どもの権利を第一に」という考えが組織の中心的な理念となっているからかもしれません。

†退所の知らせは子どもたちに突然降ってくる

一時保護所の子どもたちは、一時保護期間が終わる三日前くらいになってはじめて、その次に自分がどこにいくことになるのかを知ります。多くの子どもは何も知らされないいま突然一時保護所に連れてこられ、自分があと何日ここに居続けるのか、親元に戻れるのか戻れないのかもわからないまま、不安な気持ちと共に時間を過ごすことを強いられています。そして大人たちの判断によって社会的養護に入ることを決められた子どもたちは、ある日突然に児童福祉司から「あなたはここに行くよ」と伝えられ、行ったこともない場所に連れて行かれるのです。

なぜ子どもたちに現在の検討状況や一時保護の終了見込み時期について知らせないのかという質問を様々な場所でしてみました。その結果返ってきた理由は次のようなものです。

第一に、まだ不確実な検討結果を聞かされることで、子どもが一喜一憂することを防ぐため。初期検討では子どもが家庭に戻れそうと判断していたのに、最終的にはやはり社会的養護に入らないといけないと決まるケースにおいて、子どもに常時情報提供をすることは得策ではないというわけです。

第二に、情報を知ることにより発生する子ども同士のトラブルを防ぐため。短い日数で家に帰ることができると分かっている子どもがそのことを一時保護所内で嬉しそうに話したりすると、そういう望みが持てない子どもがより一層悲しみを感じるかもしれません。また、あと何日で出られるのかが分かったら、もう何をしてもいいとばかりに他の子どもに迷惑をかける子どもがいるかもしれない、という説明をされました。

確かにそういった懸念には一理あるかもしれませんが、いずれも子どもが抱えることになる不安の大きさや精神的苦痛を考えたら、正当化するのは難しいのではないでしょうか。たとえば刑事告訴を受けている被告人であっても、弁護士との話し合いなどを通じて自分がどのような状況にあり、どういった判決が下りそうであるのかについて予見することができます。それに比べても、子どもたちの知る権利は著しく侵害されている状況にあります。

少なくとも、保守的な見立てでもよいので、現時点の検討状況を知らせるくらいのことをしてもいいのではないでしょうか。

†家に戻れない子どもたちのその後

一時保護された子どもたちのうち、半分強は家庭に戻ります。一部の子どもはそのまま病院に移ることもあります。残る約四割の子どもが社会的養護に入ることになります。

先に説明しましたが、社会的養護とは、実家庭で育つことができない子どもたちに社会が代替的に提供する養育環境のことです。社会的養護には施設養護と家庭養護があり、前者の代表は児童養護施設、後者は里親家庭です。日本では多くの子どもが施設で暮らしており、その施設には様々なものがあります（表4）。

日本では里親の比率が低いのが問題点として挙げられます（図8）。その理由としては（1）社会の認知が低い、（2）子どもが里親に預けられるのを実親が拒否する（子どもを里親にとられるのではないかと警戒することが理由）、そして親権が強いため、親の同意なしに里親委託ができない（3）児童相談所が子ども対応に忙しすぎて元々からよく知っている施設にとりあえず預けてしまう、など様々です。

里親委託率はもちろん増やすべきですが、すべての子どもを里親家庭で育てるべきというのは誤りです。特に、非常に難しい精神状態にある子どもや、すでに中学生以上の子どもについては、里親家庭ではなく施設で預かったほうが子どもにとって望ましい場合が多いように思います。厚生労働省は、里親、施設、その中間のグループホーム（一軒家に子ども最大六人が暮らしている状態をイメージしてください）の比率を1：1：1にしようとい

［表4］　社会的養護の施設・里親・児童数

	数/登録	職員数	定員	児童数	構成比	対象児童
施設養護						
児童養護施設	602施設	16,672	33,017人	27,828人	60.9%	保護者のない児童、虐待されている児童その他環境上養護を要する児童
乳児院	134施設	4,539	3,865人	2,939人	6.4%	乳児(1歳)。3歳児まで預かる場合も
情緒障害児短期治療施設	43施設	995	1,962人	1,358人	3.0%	軽度の情緒障害を有する児童
児童自立支援施設	58施設	1,788	3,753人	1,397人	3.1%	不良行為の虞のある/環境上の理由により生活指導等を要する児童
母子生活支援施設	243施設	2,067	4,869世帯	5,766人	12.6%	配偶者のない（又はそれに準ずる）女子及びその者の監護すべき児童（現在3,465世帯が入所）
自立援助ホーム	123施設	519	826人	486人	1.1%	義務教育を終了した児童であって、児童養護施設等を退所した児童等
合計				39,774人	87.1%	

家庭養護						
里親	9,949世帯	n/a	n/a	4,731人	10.4%	家庭における養育を里親に委託
ファミリーホーム	257カ所	n/a	n/a	1,172人	2.6%	養育者の住居において家庭養護を行う（定員5～6人）
合計				5,903	12.9%	
総計				45,677		

〈「社会的養護の現状について（平成28年7月）〉

［図8］　里親委託率の国際比較（2010年）

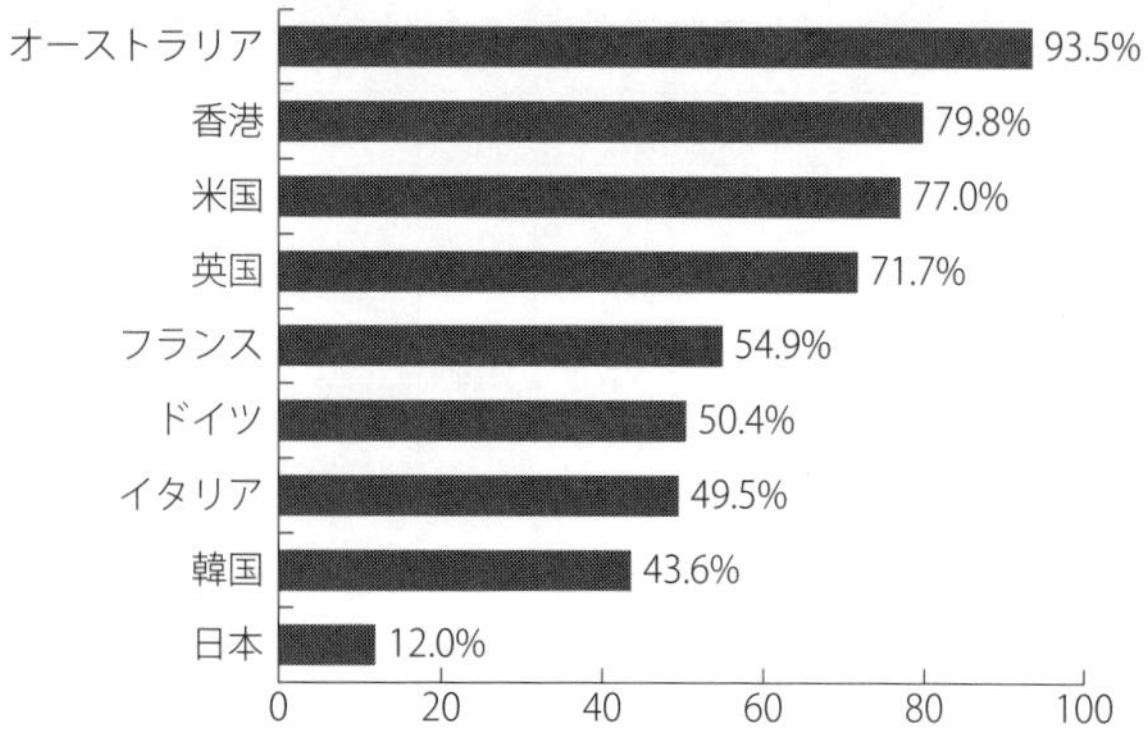

〈「家庭外ケア児童数及び里親委託率等の国際比較研究」開原久代ほか〉

う指針を出していますが、これがあるべき姿なのではないかと私は考えます。

第３章
児童相談所と一時保護の現状

(1)「むしろ、かかわらないでほしい」という意味

†実母の虐待から逃れたエリコさんの話

日差しの強い夏の日でした。息子を外で遊ばせながら、Z県の一時保護所にいたエリコさん(一八頁参照)は私に話をしてくれました。白いテーブルに置かれた冷たい麦茶の鮮やかな色が、強く印象に残っています。

「母は一五歳の頃に私を産みました。母は私を産んですぐにいなくなったので、私は母方の祖母とその愛人に育てられました。母はその後何度か私について親権の裁判を起こしていたのですが、母のところに行くことはありませんでした。ただ、おばあさんともけんかが絶えなかった思春期の頃に母親が接近してきた時、私は育ててくれた周囲の反

対をよそに、ついつい母についていってしまったんです。

安易についていってしまったその日から、すぐに地獄が始まりました。本当に辛かった。学校に行っても非常階段などで隠れてお酒を飲んでいました。悪さがしたくて飲んでいたわけではなくて、本当に日々が辛くて、これを飲んだら忘れられるんじゃないかと思って飲んでいたんです。バイトのお金もすべて母に取られ、時々もらえるお小遣いでお酒を買っていました。

私は、そもそも児童相談所を信用していなかった。民生委員であっても誰であっても、頼れる人間とは全く思っていなかったんです。彼らは私の家庭をひっかき回しているだけの疫病神でした。彼らがいなければ、家庭のなかで何とか折り合いがついていたのに」。

そう話す彼女に、私はたずねました。

「なんで行政の人たちが疫病神だと思っていたんですか？　ひっかき回される、というのはどういう意味でしょうか」。

「母は、ちょっとやそっとの暴力的な人ではなかったんです。それは、彼女自身にも病的な部分があって、しょうがなかったりはしたんだけど。

民生委員や児童相談所の人は、自分の仕事をするために、保護者である親に心を開いてもらう必要があって、『お母さん、私は味方ですから』と言います。とはいえ、母もバカではないので、その人たちがうちの事情を知ろうとしているのだと分かっている。そして、子どもを連れていかれないために『ありがとうございます。ご迷惑をおかけして申し訳ありませんでした。今の私の精神状態は落ち着いているので、大丈夫です』と穏やかに話す術を身につけていました。玄関を開けて中を見られても何もわからないようにしていました。実際の家の中は、物が常に散乱していたし、壊れた茶碗が散らばっていたりしたんですけれどね。さすがに家の中までは入ってこられなかった。

そういう母の対応を見て、児相の人や民生委員の人たちは、自分たちが家庭を訪問することによって、家庭が良くなっていると勘違いしていたように思います。

でも実際には、彼らは母に対してストレスでしかなかったんです。

民生委員たちが団地の鉄のドアを閉める時の『バタン』という音を、私はずっと覚えています。これは絶望の音です。『(虐待が)はじまる』という音。『今日はなんとか殴られずに済んでいたのに、これから二日間本当の地獄が始まるな』と諦めることになります。

そんなことだから、民生委員について『この人たちは何が目的できているんだろう。悪気がないのは分かるけど、心の底からやめてほしい』と思っていました。

自分たちを守るために、児相の人がきたときには『大丈夫です』と言って虐待を隠蔽して母をかばっていました。顔にできているアザについて問われたら、『ジャングルジムから落ちた』と言ったりするわけです」。

私は、児童相談所の児童福祉司たちから、虐待が起きにくくするために家庭を訪問して、孤立しがちなお母さんやお父さんと話し合いを続けていたことを聞いていました。だからこそ、この話を聞いた時には児童相談所の家庭支援のあり方について考えさせられました。児相は、知らず知らずのうちに支援対象となる人々を追い込んでいるのかもしれないということを、私はエリコさんから学びました。

その後、私はこの話を様々な児童相談所でしてきて、「どう思いますか」と聞きました。全員が絶句していたのが強烈に記憶に残っています。

私は、またエリコさんに質問しました。

「今になって思うと、行政の人にはどうしてほしかったですか？」

「かかわらないでほしかったです。生きていくのは私で、母と付き合っていかないといけないのは私なので、数年経てば担当が変わるような人たちに来てほしくないと思っていました。家に時々やってくるだけの人から『担当者が変わりました』と言われても、こっちにとっては知ったこっちゃないんです。

このことが原因で、私は『困っていることはない？』と話してくる人がとても苦手になりました。二〇年経った今でも苦手です」。

私は、さらに聞きました。「それは本当に大変でしたね。家をひっかき回されるのは確かに大きな迷惑だったと思うのですが、彼らにできることは何かなかったんでしょうか」。

すこし考え込んだあと、彼女は答えました。

「おそらく、『来ないでほしい』の反対側にあるのは、『助けてほしかった』んですね。

ああ、考えてもみなかった。慎さんの質問に答えるうちに、初めて自分は助けてほしかったんだということに気がつきました」。

涙をふきながら、彼女は続けました。

「本当にかかわらないでほしかったし、今もそう思っているのですが、その背景には、『助けてほしかったのに助けてくれなかった』という思いがあったんだと思います。

それは行政に限った話ではありませんでした。学校の先生や、近所のおじさんおばさんなど、こんなに大変だったのに誰も大人が助けてくれなかった。そのことが本当に悲しかったんだと思います。

私はずっと一人で生きていくしかないと思っていた。学校でも、絵や作文を他の人とは違うように書いたりしていたのですが、それも、何かに気付いてほしかったサインだったんだと思います。

母と暮らしてから半年後のある日、『酒を買ってこい』と言われたときに母の元を逃げ出しました。そのとき私は一五歳でした。

行政を頼るという考えはなかったんです。半年間、働いて生きていくしかないと思って、嘘の履歴書を書いてバイトをして生きていました。

小さな町なので、児童相談所や警察は多分私がどこで何をしているのかはおそらく知っていて、でも私がちゃんと生きているので黙認していたんだと思います。でも、一緒にいた人が車をこすってしまって、それで警察沙汰になって、警察から児相に行くことになりました。

家庭に戻らなくてよかったです。児相から家庭に戻らずに済んだのは、行政の人々がうちの家庭をひっかき回しつつも、家庭の事情を知っていたからなんだと思います」。

何が問題なのかを深掘りする前に、まずは日本における基本制度や、子どもたちが一時保護所にやってくる背景について見ておきましょう。ここまでが木の話であれば、ここからは森の話です。

（2）なぜ、子どもたちは一時保護所にやってきたのか

†児童相談所の概要

ここで改めて、児童相談所とその一機関である一時保護所の概要を書いておきましょう。

児童相談所とは、児童福祉法に基づいて都道府県に設置されている行政機関であり、一七歳以下の子どもたちを対象に次のような仕事を行うことが、児童福祉法十一条一項二号によって定められています。

・子どもに関する様々な問題について、家庭や学校などからの相談に応じること
・子ども及びその家庭につき、必要な調査並びに医学的、心理学的、教育学的、社会学的及び精神保健上の判定を行うこと

[表5]　2014年における児童相談所職員内訳

職種	仕事内容	人数
児童福祉司	子どもやその家庭に対する相談等に応じる	2,829
児童指導員・保育士	一時保護所内での子どもの対応	1,893
児童心理司	子どもの心理状態の判定などに携わる	1,261
医師	医療関係業務に従事	577
受付・電話相談員	家庭その他からの通報等に対応	754
その他専門職	その他心理職・保健師・看護師等	298
その他事務職	運営業務全体	2,795
		10,407

〈厚生労働省資料〉

・子ども及びその保護者につき、前号の調査又は判定に基づいて必要な指導を行うこと

・子どもの一時保護を行うこと

条文には上記のように書かれていますが、児童相談所の業務のほとんどは、虐待を受けている子どもや養育困難にある子どもとその家庭の支援・問題対応に集中しているのが近年の状況です。後に詳しくお話をしますが、児童相談所の職員は常に一〇〇ほどのケース（案件）を抱え、ほぼ毎日残業をしながら仕事を続けています。

全国には二〇八カ所の児童相談所があり、

分室や支所も含めるとその数は二二八になります（二〇一五年四月一日現在）。二〇一四年における職員総数は一万四〇七人で、その内訳は表5の通りです。

†一時保護所の概要

先に述べた児童相談所の業務には、子どもの一時保護が明記されています。児童虐待が起きている家庭などにおいて、子どもの安全が危ういとされる場合や、貧困家庭において一時的に親子分離をせざるを得ないと判断した場合などには、児童相談所の所長の判断で、子どもを親元や養育者から引き離し一時的に保護することができます。これが一時保護であり、一種の行政処分にあたります。このような事情で一時保護された子どもたちが一時的に暮らすことになるのが一時保護所です。

一時保護所は、児童相談所に併設されていることがほとんどです。ただし、すべての児童相談所ではなく、地域で中心となる児童相談所に置かれている場合が多く、その数は二〇一五年四月現在一三五となっています。年間で一時保護所にやってくる子どもの数は約二万人で、平均して約一ヵ月滞在しています。

一時保護までのプロセス

どのような法的根拠をもって、子どもたちは一時保護されるのでしょうか。

児童福祉法にある、一時保護についての定めを見てみましょう（条文の意味はそのままに、一部読みやすいようにしています）。

第十一条の二―ホ

都道府県は児童福祉法の施行に関し、児童の一時保護を行わなければならない。

第三十三条

児童相談所長は、必要があると認めるときは、社会的養護の措置をとるに至るまで、児童に一時保護を加え、又は適当な者に委託して、一時保護を加えさせることができる。

第十二条の四

児童相談所には、必要に応じ、児童を一時保護する施設を設けなければならない。

このように、法律には一時保護についてほとんど何も書かれていないのに等しい状態です。

通常であれば、行政が行うすべての事柄には根拠法があります。政府や行政が法律の定めなしに人々の生活に不当に介入することは、現代の法治国家においては許されないからです。

一時保護は、強烈な行政権の行使である「職権保護」を伴う場合も少なくありません。職権保護とは、児童相談所が自らの判断によって子どもを一時保護することで、親の意向を無視して行われます。場合によってはチェーンソーで家のドアをこじ開けて子どもを保護したり（これは臨検・捜索というもので、児童虐待防止法五条の三に基づき、裁判所の許可を得て行われます）、親が買い物中に駐車場に停めてある車から子どもを連れ去ったりすることさえもあります。

こういう強烈な権限が行政に与えられている場合には、行政が暴走しないように厳しい手続法が定められていることがほとんどです。しかしながら、一時保護の法的根拠は非常に薄くなっています。ある児童相談所の所長は、このように行政に大きな裁量が与えられている背景には、子どもを権利主体と考えるのではなく、行政サービスの一方的な享受者として扱うパターナリズムが根底にあると指摘していました。

では、児童相談所は何を一時保護の実務上の指針としているのでしょうか。答えは厚生労働省が定めた児童相談所運営指針です。ここでは、一時保護を行う必要がある場合について定めています。(http://www.mhlw.go.jp/bunya/kodomo/dv-soudanjo-kai-honbun5.html)

この指針によると、一時保護を行うケースは次の三つとなります。

（1）緊急保護

ア　養護の必要があるケース。棄児、迷子、家出した子どもなど、保護者または寝泊まりする場所がないために緊急にその子どもを保護する必要がある場合

イ　虐待等（ネグレクト含む）のケース。そのような状況にある子どもを家庭から一時的に引き離す必要がある場合

ウ　非行のケース。具体的には、子どもの行動が自己又は他人の生命、身体、財産に危害を及ぼし若しくはそのおそれがある場合

（2）行動観察

児童相談所が子どもの援助指針を定めるために、一時保護を通じて十分な行動観察、生活指導等を行う必要がある場合。

たとえば児童養護施設や里親での生活がうまくいかず、そこに居ることができないと判断された場合（これを不調といいます）などがこれに当てはまります。

（3）短期入所指導

子どもにとって短期間の心理療法、カウンセリング、生活指導等が有効であると判断される場合であって、子どもの性格、環境等の条件により、他の方法による援助が困難または不適当であると判断される場合

一時保護の判断までのフロー

実際に児童相談所がどうやって子どもを一時保護するに至るか、について書いておきましょう。ここでは特に虐待のケースについて書いていきます。

⑥	虐待の影響と思われる症状が子どもに表れている？	□ はい □ いいえ
□ □ □	保護者への拒否感、恐れ、おびえ、不安、（　　　） 面接場面での様子 例：無表情、表情が暗い、鬱的体の緊張、過度のスキンシップを求める、（　　　　） 虐待に起因する身体的症状 例：発育・発達の遅れ、腹痛、嘔吐、白髪化、脱毛、（　　　）	
⑦	保護者に虐待につながるリスク要因がある？	□ はい □ いいえ
□ □ □ □ □ □ □	子どもへの拒否的感情・態度 例：拒否、愛情欠如、差別など不当な扱い、望まない妊娠出産、（　　　　） 精神状態の問題 例：鬱的、精神的に不安定、妊娠・出産のストレス、育児ノイローゼ、（　　　　　　　） 性格的問題 例：衝動的、攻撃的、未熟性、（　　　　） アルコール・薬物等の問題 例：現在常用している、過去に経験がある、（　　　　　　） 児童相談所等からの援助に対し拒否的あるいは改善が見られない、改善するつもりがない 家族・同居者間での暴力（ＤＶ等）、不和 日常的に子どもを守る人がいない	

⑧	虐待の発生につながる可能性のある家庭環境等	□ はい □ いいえ
□ □ □ □ □	虐待によるのではない子どもの生育上の問題等 例：発達や発育の遅れ、未熟児、障害、慢性疾患、（　　　） 子どもの問題行動 例：攻撃的、盗み、家出、徘徊、虚言、性的逸脱、退行、自傷行為、盗み食い、異食、過食、（　　　　　） 保護者の生育歴 例：被虐待歴、愛されなかった思い、（　　　　　） 養育態度・知識の問題 例：意欲なし、知識不足、不適切、期待過剰、家事能力不足、（　　　　） 家族状況 例：保護者等（祖父母、義父母等を含む）の死亡・失踪、離婚、妊娠・出産 ひとり親家族等（　　　　　　　　）	

〈厚生労働省〉

[表6]「子ども虐待対応の手引き」アセスメントシート

① 当事者が保護を求めている？ □ はい □ いいえ	
□ 子ども自身が保護・救済を求めている □ 保護者が、子どもの保護を求めている	＊ 情報
② 当事者の訴える状況が差し迫っている？ □ はい □ いいえ	
□ 確認にはいたらないものの性的虐待の疑いが濃厚であるなど □ このままでは「何をしでかすか分からない」「殺してしまいそう」などの訴えなど	
③ すでに虐待により重大な結果が生じている？ □ はい □ いいえ	
□ 性的虐待（性交、性的行為の強要、妊娠、性感染症罹患） □ 外傷（外傷の種類と箇所：　　　　） □ ネグレクト 例：栄養失調、衰弱、脱水症状、医療放棄、治療拒否、（　　）	
④ 次に何か起これば、重大な結果が生ずる可能性が高い？ □ はい □ いいえ	
□ 乳幼児 □ 生命に危険な行為 例：頭部打撃、顔面攻撃、首絞め、シェーキング、道具を使った体罰、逆さ吊り、戸外放置、溺れさせる、（　　　　） □ 性的行為に至らない性的虐待、（　　　　）	
⑤ 虐待が繰り返される可能性が高い？ □ はい □ いいえ	
□ 新旧混在した傷、入院歴、（　　　　） □ 過去の介入 例：複数の通告、過去の相談歴、一時保護歴、施設入所歴、「きょうだい」の虐待歴（　　　　） □ 保護者に虐待の認識・自覚なし □ 保護者の精神的不安定さ、判断力の衰弱	

始まりは児童相談所への通告です。これは電話であったり、文書面談だったり様々です。子どもの泣き声を毎日のように聞いているという隣人から電話通報がある場合もありますし、子どもが「家に帰りたくない」と話している学校から連絡がくるケース、更には虐待の当事者である親が「ダメだとわかっていても、つい衝動を止められず、どうしても子どもを殴ってしまう」と自ら訴えるケースまで様々です。

この通告を受けたら、まずは基本情報を把握したうえで、緊急受理会議で当面の方針を決定します。その後、二人以上の児童相談所職員が必要な情報を収集し、一時保護をするかどうかについてのアセスメントシートに記入します。自治体別に様々なものがあるのですが、厚生労働省が「子ども虐待対応の手引き」で記載しているアセスメントシートは、表6のようなものです。

これらの質問に対応してフローチャートがあり、それに応じて児童相談所は対応を決めていきます。フローチャートは、たとえば表7のようなものです（同様に「子ども虐待対応の手引き」より）。

・1、2、3のいずれかに該当する場合には、緊急一時保護の必要性を検討

・4と5の両方に該当がある場合には、次の虐待が発生しないうちに保護する必要性を検

[表7]「子ども虐待対応の手引き」フローチャート

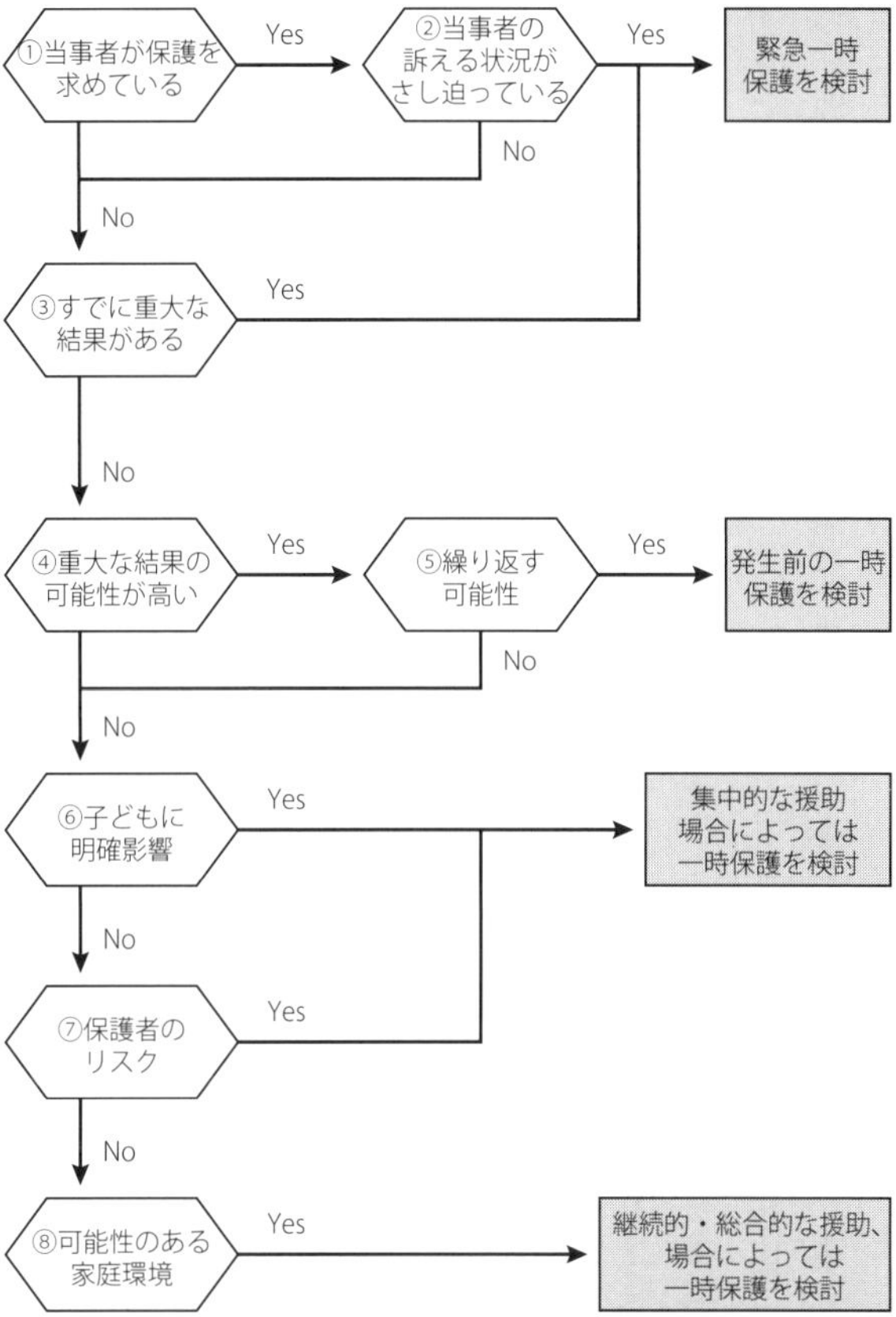

〈厚生労働省〉

討
・1～5には該当がないが、6か7のいずれかに該当する場合には、すでに虐待が起きている可能性・深刻化する可能性があるので、集中的に援助（家庭訪問等含む）を実施し、場合によっては一時保護を検討
・8のみに該当する場合には、家族への継続的・総合的援助が必要。場合によっては、社会的養護のための一時保護の必要性を検討

このようなフローチャートを用意する理由は、児童相談所の恣意性を排除するためです。実際、児童相談所が関わっている家庭で子どもが虐待死するという事例はよく起きており、そういった際によく反省されるのが、「親の言い分を鵜呑みにせず、判断をしていれば」、「職権保護に伴う、親との関係性のもつれを恐れていなければ」といったものです。

先入観や事を荒立てたくないという意識が正しい意思決定を阻害するような場合には、こういったチェックシートとフローチャートを用いることで、ある程度ドライに保護の決定をすることができ、それによって子どもを守ることができます。また、親に対しても、客観的な基準があることを理由に保護を決定しているという説明をすれば、親との関係悪化リスクを小さくすることができます。

†受理会議での一時保護の検討

必要な情報を収集したうえで、児童相談所の定例受理会議や緊急受理会議で一時保護の検討がなされます。そして、児童相談所長の判断で一時保護の実施が決定されます。

私が訪問した各地の児童相談所では、議論の時には方針が決定しているため、一時保護を実施するか否かで会議が長引くことは少ないそうです。一案件あたりの所要時間は一五分程度の場合がほとんどです。

一方で、一時間以上を一案件について割く場合もあります。それは、一時保護を実施するか否かではなく、一時保護後の行き場が全く考えられない状態にある子どもについて、その次に何をすればいいのかわからないような場合です。

「施設措置が望ましいのは児相から見ると明らかだが、子どもが施設に行きたがっていない」、「父子家庭の子どもが、『母親のところに帰る』といって聞かない」、「通院必要、入院不要といったくらいの状況で、本来は自宅で生活すればよいのだが、現実問題として親に子どもを養育する能力がない」、「虐待は起きていないが、子どもが問題を抱えており、親が子育てに大変に苦労している」など、最善といえるような正解がない状態において、職員たちは思い悩みます。

私が近くで様子を見ていたケースに、親に養育の意思が全くないために児童養護施設に入所した子どもが、施設内で暴力事件と性加害を起こしてしまった、というものがありました。こういうケースにおいては、その子どもはいったん児童養護施設を離れて一時保護所に戻り、その次の処遇を考えることになります。

その後彼がどこに行くのか、最後まで結論は出ませんでした。暴力沙汰はさておき、性的な問題を起こす子どもが児童養護施設にやってくると、子どもたちの人間関係が大きく崩れますので、そういう子どもを敢えて受け入れようという施設は多くありません。里親家庭でも同様に、そういった問題の多い子どもは忌避されます。しかも、先に述べたように、彼の親は彼を養育する意思を持っていないのです。「この子は、この先どうすればいいのだろうか」という議論がされるものの、結論を出すのは非常に難しいことです。

次の方向性が見いだせないまま一時保護をしたものの、保護所内でも問題を起こしてしまい、個室に隔離され、一年間閉じこもって生活しているという少年がいました。かといって、私にできることはなく、無力感を抱くしかありませんでした。

（3）一時保護決定後、保護所での生活が始まる

†一時保護後の各種手続き

一時保護が決定された後には、各種手続きが行われることが児童相談所運営指針により定められています。まずは運営指針で何が書かれているのか、そしてその後実態について見ていきましょう。

・告知

まず行われるのは、告知です。運営指針では、原則として子どもや保護者に一時保護の理由、目的、期間、入所中の生活等について説明し、同意を得る必要があるとされています。ただし、緊急保護の時など、子どもを放置することがその福祉を害すると認められる

場合にはこの限りではありません。この告知の際には、一時保護中必要な日用品、着替え等を準備するよう保護者に連絡することとなっています。

しかし、実態としては、期間が明確に伝えられることは非常に少なく（私が経験者たちから話を聞いた限りは皆無です）、子どもたちはいつ一時保護所を出られるのかがわからないまま不安な日々を送ることになります。見ず知らずの場所に連れてこられ、いつそこから出て行くのかの先行きが全く見えないのは本当につらいことです。

また、大切にしている持ち物の持ち込みも基本的に不可であり、服についても一時保護所で支給されるものを選んで着るように言われることがあります。ある都市部の一時保護所では、下着にまで番号が振られており、それを着ることが義務付けられていたそうです。まるで囚人服のようです。

・個別の生活プログラム

一時保護される子どもについては、氏名・年齢・住所といった個人情報から、一時保護の理由、子どもの性格・傾向や対応上の注意点が書かれた一時保護児童票を作成すると共に、一時保護中に実施する検査等の予定を一時保護所での生活のプログラムの中に折り込めるようにしておくことに、運営指針ではなっています。また、原則として入所前に健康診断を受けさせ、集団生活をさせても差し支えないことを確認しておくこととなっています。感染病が保護所内で流行しないためです。

実際、検査や健康診断などは確かに行われていますが、生活については子どもの個別のニーズに応えられているとは言えません。これまでに書いているように、集団管理がされているというのが多くの保護所の実態です。社会的養護においても、子どもたちが寮のような場所で集団生活をするのではなく、六人一部屋構成となった施設や里親家庭で暮らすべきであるという小規模化の流れがあるのですから、一時保護所においても同様になるべきと思います。

†一時保護が、子どもの権利を侵害している

特に都市部の一時保護所では、子どもの安全という名目で様々な権利が侵害されていることも少なくありません。そのようなケースにおいて、一時保護は子どもの精神的な成長に重大な悪影響を与える可能性があるのです。

一時保護をどれくらい頻繁に行うべきかについて、児童相談所内でも家庭内の子どもに

向き合っている児童福祉司と、一時保護された子どもに向き合っている児童指導員・保育士との間では若干温度差があるように思います。

児童相談所の児童福祉司の大勢は、「それでも子どもの安全を優先するべき」という立場に立っています。ある児童相談所では次のような意見が聞かれました。

「うちの県では、児童相談所が関わっていた家庭において、〇歳児が母親の虐待により死亡するという事件が立て続けに起きました。以来、『子どもは絶対に死なせない』という強い気持ちで独自のアセスメントツール等の開発、運用に取り組んできました。基本方針は、何よりも子どもの安全を優先するというもので、疑わしきはすべて保護するというものです。まだ徹底しているとは言えず、より改善させる必要があると考えています。

確かに一時保護が子どもに対してショックを与える側面はあるだろうと思います。それに対する答えは、『なるべく恣意性を排して早急に一時保護を行い、なるべく早く家庭に帰す』ということに尽きると考えています。現在、うちの県での子どもの一時保護所の滞在日数の分布では一週間以内が圧倒的に多く、この方針は数字にも現れています」。

一方で、一時保護所で子どもたちをケアする職員の一部には、「ほんの少しでも疑わしければすべて一時保護をするべきというが、それによって子どもにトラウマを与えるようなことをしてよいのか」という意見もあります。

事実、第1章で見たように、特に都心部の一時保護所は子どもにとって監獄のようになっている場所も少なくありません。職員でさえ、これまで行政職で働いていた人などは特に、保護所に配属されて現場で衝撃を受けることが多いのです。こういった場所に一週間でもいることは、子どもの心理状態に対して大きな悪影響を与える可能性があると思います。

（4）一時保護委託の拡大がカギ

†一時保護委託と一時保護、どう違うのか

何があるべき姿なのであろうということについて、私はかなり長い期間をかけて考えているのですが、現時点では、一時保護を頻繁に行いつつも、その保護を児童相談所でするのではなく、子どもが元々育っている地域の中にある里親家庭や児童養護施設等に委託する方がよいと考えています。可能であれば、子どもたちが育った校区内で委託をするのがベストです。

児童相談所の一時保護の業務を児童養護施設や里親などに委託することを、一時保護委託といいます。この一時保護委託をした先が同じ地域の施設や里親であった場合、子どもたちは他の施設や里親家庭にいる子どもたちと同じように過ごすことができます。

具体的には、狭い部屋に閉じ込められることもありませんし、他の子どもたちに何の連絡もできないまま地域を離れる必要もありません。学校にも従来通り通うことができるので、場合によっては住む家が変わるだけで他は何も変化のないまま過ごすことができます。唯一の懸念点とされるのは安全性ですが、これについては後で述べます。

さらに良いのは、子どもを一時保護された親の多くが、「子どもを児相にとられた」として地域からつまはじきにされてしまうのに対し、一時保護委託であれば「ちょっとしんどいので、子どもを○○さんの家に一時的に預かってもらっている」という説明を周囲にすることも可能であることです。家庭での養育が大変なので、一時的に親（子どもからみると祖父母）に子どもを預ける若い夫婦は多いのですから、一時保護委託がそのイメージの延長になればいいのではないかと個人的には思っています（表8）。

すべての地域に児童養護施設があるわけでもないので、里親やファミリーホーム（六人まで預かることができる里親）を拡大していくことが何よりも重要でしょう。複雑な事情を抱える子どもを三カ月だけ預かることができる里親やファミリーホームが全国の各地域に増えていけば、問題はだいぶ解決していくのではないかと思っています。

なお、私の知人には、一家が夜逃げせざるを得ない状況になった後、同じ高校に通うた

［表8］　一時保護委託と一時保護の比較

	一時保護所（65.2%）＊	一時保護委託（34.8%）
居住環境	閉ざされた児童相談所内	里親もしくは施設の部屋
移動の自由	著しく制限される	ほぼ通常生活通り
子どもの安全	安全性が高い	相対的に安全性が低い
子どもの人間関係	措置となった場合には確実に断絶される	地域内での一時保護委託であれば、断絶を避けることができる
学業	学校に行けないため学業は確実に遅れる	地域内の里親・施設であれば通常どおり学校に行ける
親への影響	「児相に子どもをとられた親」として地域から追い詰められる	「子どもの一時預かり」というイメージを醸成しやすい

＊比率は虐待児に限ったもの。〈「児童相談所関係資料」〉

め学校の友人の家にお世話になっていた人がいます。こういった民間の取り組みや助け合いは昔からあり、一時保護委託はこれをよりきちんと制度化していくものです。

「鳥取こども学園」と「こどもの里」（大阪）の取り組み

積極的に一時保護委託に取り組んでいる組織には、「鳥取こども学園」や「こどもの里」などがあります。奇しくも両者ともキリスト教者が運営している施設とファミリーホームであり、私が今まで見てきた中で、もっとも優れた養育を提供している団体です。

鳥取こども学園は子どものために必要なものを徹底的に揃えてきた施設であり、他の施設では手に余ってしまう子どもですら、ここに来ると穏やかになっていきます。二〇一六年には児童養護施設の歴史上初となる、高校卒業直後に海外の大学へ留学する学生を輩出しました。すべてのことを子ども中心に考えており、制度がないから子どもを支援しないということをせず、制度がない中で仕組みをつくり、制度変化を主導してきました。

たとえば、高校を中退して働いている少年などが利用することができる自立援助ホームを、鳥取こども学園は制度のない中で子どものために始めています。後にこの取り組みが制度化されるにあたって、同学園の藤野興一氏が大きな役割を果たしました。こういった「子どもに必要なことは何でもする」という観点から、一時保護委託専門のホームも作りました。そのホームは、まさに子どもたちにとっての駆け込み寺（教会）となっています。

こどもの里は、二〇一六年に『さとにきたらええやん』という映画にもなった児童館です。その所在地は、日本最大の日雇い労働者の町である釜ヶ崎です。貧困率が非常に高く、毎年一〇〇人が路上死するこの町に暮らしている四〇〇人の子どものうち、八割は就学支援を受けています。貧困は複合的なものであり、特に虐待とのつながりは強く、子どもは虐待や貧困のリスクに常に晒されています。そういった子どもたちのために、こどもの里は四〇年間にわたって誰でも来ることができる児童館と食堂を開放してきました。

里親や一時保護委託を始めたのも、現実に即してのことです。こどもの里の代表である荘保共子《しょうほともこ》さんは、次のように話しています。

「（貧困状態にある家庭で）親が病気になった、出産する、家賃を払えずロックアウトされた、そんな時子どもは突然いなくなる。そして児童相談所に保護されていた。その間、子どもたちは学校に行けず、親が引き取りに来るまで、ひょっとしたら迎えに来ないのではないかと不安の毎日を過ごすことを知った。養護施設や児童相談所に保護、措置された当事者から、親子分離体験や見捨てられ不安、嫌われ感、その後の心の苦しさについて多くを聴いた。

子どもたちに面会に行くうちに、釜ヶ崎の中に一時保護する場があれば、子どもたちは住み慣れた地域で同じ学校に通い友だちと過ごし、親に面会に行ったり逆に親が会いに来たりできる、と気づいた。そして、子どもたちや親子を一時保護として受け入れるようになった。

この一時保護の場の提供活動の実績が行政から認められ、補助金や委託費を受けられるようになったのは、一九七七年から約二〇年経ってからのこと」（『公衆衛生第八〇巻第七号』医学書院、「子どもの貧困対策活動　居場所をつくる児童館の取り組み」より）。

†一時保護委託の三つのポイント

一時保護委託がより制度として確立していったと仮定して、それを実際に拡げていくためには、三つのポイントがあると思います。

第一に、一時保護委託を受ける組織が児童相談所と緊密なコミュニケーションをとって仕事をすることです。

一時保護は介入の必要を認めたらすぐに行うべきなので、日々頻繁にコミュニケーションをとっていないと、スムーズに一時保護委託をすることができません。たとえば鳥取こども学園では、児童相談所の所長経験者らが職員となって働いており、そのために児童相談所ととても強い関係性をもって一時保護委託を実施しています。園内には一時保護委託に特化した部門が存在しており、一時保護期間が長くなりそうな子どもについては、鳥取こども学園で保護するという機運がたっています。このことは、鳥取の一時保護所における一時保護期間が平均して七日と非常に短くなっていることに貢献しています。

第二に、子どもの安全を確保するための仕組みをつくることです。

一時保護委託を推進する際に懸念点としてあげられるのは、「激昂した親がその里親家庭や児童養護施設に乗り込んできて、暴力事件などになったらどうするのだ」というものです。しかしながら、里親家庭ならさせておき、児童養護施設等であれば親がそうやって駆け込んできても対応できる、という回答がある程度聞かれました。また、里親家庭で一時保護委託をした場合であっても、必要な司法手当を行ったり、警察との連携をしていればリスクは最小限に抑えられる、という声もあります。

「一時保護所から措置されて児童養護施設や里親家庭にやってきた子どもであっても、親が子どもを取り戻しにやってくることはある。しかし、常に警察などとやり取りをしておいて対応をすればいいだけの話」という意見もありました。

もちろん、子どもを取り返しに包丁を持って突撃してくるような親もいることは確かです。そして、そういったリスクが非常に高いと判断すれば児童相談所で預かる、という判断をすればよいように思います。

第三に重要なのは、一時保護委託先となる施設や里親家庭の地域における信頼度を高めていくことです。先に述べた鳥取こども学園やこどもの里は、地域では非常に高い評判を確立しており、たとえば「児童相談所での一時保護は受け入れないが、こどもの里の一時保護委託なら認める」という親が少なくありません。また、施設や里親家庭に行くことが、子どもにとってのスティグマとならないようにするためにも、地域の評判向上は重要となります。

こういった信頼はすぐに築けるものではありませんが、一時保護の持つ強制力に鑑みると、児童相談所やその委託先である施設や里親家庭が親から信頼されるものになることが必要なのではないでしょうか。

この主張に対し「実際にめちゃくちゃな親と毎日対峙していないから、そんなことが言えるのだ。あの親たちが他人を信頼するなんてことは、ありえない」という反論が返ってくるかもしれません。確かにすべての人から信頼を得るのは簡単ではないですが、地域の信頼を得るために社会的養護のプレーヤーたちができることはもっと多くあるように思います。

繰り返しになりますが、虐待を受けている子どもたちには何の罪もありません。その子どもたちが親のみならず、友人や近所の人々、学校の先生などから「神隠し」のように引き裂かれ、さらに自由が大幅に制限されるという状況はおかしくないでしょうか。子どもたちの痛みを本当に自分のことのように考えるのであれば、いくらでもよりよい対応ができるのではないかと、私は思うのです。

(5) 児童相談所は、どうあるべきなのか

†地域に児童相談機能を

一時保護を適切に行うためには、地域の子どもを守るための活動を児童相談所だけが担うのではなく、子どもに関わるプレーヤーたち全員でやろうという機運を起こすことが重要だと思います。これは難易度が高いことではありますが、子どもの保護がきちんとできている地域では自然と当事者間の連携がされています。

こどもの里では、地域の人々を巻き込んで独自にケース会議を行い、一〇〇人以上の要注意状態の子どもたちについて頻繁に議論をしています。そして、その子どもが危ないなと思ったら児童相談所にその子どもを保護する必要性を説き、自分たちで一時保護委託を引き受けるという、とても主体的な動きをしています。

同じような取り組みをしているのは、平塚市です。ここでは、少年警察ボランティア（警察から委託された民間スタッフで、少年の非行防止や保護のために活動する）をしながら地元の有名なクリーニング店を経営している方と、その兄である小学校の元教頭が中心となり、警察、学校、児童相談所、地域で子どもの危機を未然に防ぐ取り組みを行っています。具体的には、関係者が綿密にコミュニケーションをとり、危ない状態にある子どもたちをリストアップし、一時保護が必要であればそれを進めつつ、可能な限り子どもたちが地域でやっていけるように努力しています。たとえば、家でまともに食事をとれていない子どもたちに、夏休み期間に祭りの手伝いをしてもらい、その代わりに毎日食事を提供するといったことをしています。

児童相談所よりも地域の人々が子どもの状態をよく把握できるのは、当然といえば当然でしょう。いくら児童福祉司が家庭を頻繁に訪問したとしても、家庭は児童相談所の職員に対して常に身構えている状態にあります。一方で、地域の中で常に身構えてはいられないので、その家庭の素の状態が地域コミュニティには明らかになっているのです。

この「地域で児童相談機能を持つこと」は、今後の児童相談所のあり方の答えではないかと考えています。最終章でより詳しく見ていきたいと思います。

†家庭介入と家庭支援は分けるべきではないか

職権による一時保護はかなり強烈な行政権の行使であり、それを行うと結果として家庭と児童相談所の関係性はかなり悪化することがあります。児童相談所側は子どもの安全を守るための一時保護は当然の措置と考えますが、親は「児相に子どもを取り上げられた」と考えることが多いのです。

児相が本気で家庭のためを思っているのなら、家庭介入をしても信頼関係を築き上げるのは可能かもしれません。実際にそういった意見を言う関係者はかなりいました。

しかし、様々な理由から、家庭支援と職権保護のような家庭介入を分けるのが望ましいように思われます。

第一に、一時保護とその後の問題解決を早期に行うためです。これには二つの側面があります。

まず、裁判所などの第三者機関に判断を委ねることで、一時保護の決定に際して必要なすり合わせにかかる時間を減らせること。一時保護時に児相と関係機関（学校や警察など）の意見が異なるときには、そのすり合わせに多大な時間・労力が割かれています。具体的には、「何かあったらどうするの」というリスク回避的な警察・学校の立場、「子どもの長期的な利益を考えると可能な限り家族にいられる可能性に賭けたい」という児相の立場が対立することがあり、今後も協力して子ども支援にあたるために、関係者が納得するまで議論を続ける必要が生じています。

アメリカなどでもこういった場合の判断は第三者機関に任せており、そうすることによって、どのような決定が下りたとしても関係機関が継続的によい関係を築いて協力していくことができます。

次に、第三者機関に委ねることによって家庭と児童相談所の間に緊張関係が生じることを避けやすくなること。児童相談所主導で一時保護を行う場合、一時保護後に親と児相が落ち着いて話し合うようになるまでに数週間を要することもあります。子どもを取り上げるのが裁判所や警察であれば受け入れるものの、相手が児童相談所の職員だと納得しないという親は多いのです。そして、親と児相の関係が冷え込んでいる期間、子どもたちは一時保護が解除される見込みが立たず、不安な日々を過ごすことになるのです。

子どもの最大の利益という観点に立った際には、子どもを取り巻く問題を一刻も早く解決するか、解決の糸口をつけるのが望ましいはずです。そうであれば、家庭と児相の話し合いを中断させてしまうような要因は取り除いたほうがよいでしょう。

第二に、児相が強制介入権を持ったまま日常的に支援している家庭を訪問することで、その家庭の近隣の人々に対して、誤ったシグナルを与えてしまう可能性があることです。それは支援対象である家庭を地域から孤立させ、もっと状況を悪くさせていくかもしれません。

ある児相の課長は、自分の家庭訪問がその家を追い込んでいたことに気づいた経験を次のように話していました。

「ある日、児相職員の家庭訪問が親を追い詰めていることに気づいたんです。いつものように泣き声通告が入った家庭を訪問すると、お母さんが泣き崩れて『私は周りから虐待親と思われているんですね』と言いました。児相が訪問したということが近隣で噂になり、その家庭は地域とのつながりから孤立していたのです」。

実際、周囲の人々は、児童相談所がどういった理由でその家庭を訪問しているのか把握することはできません。誰かが悪意を込めて「あそこの親は子どもを虐待していて、だから児童相談所が介入する準備をするためにいつも来ているんだ」と話したら、その親はコミュニティから孤立して、いよいよ本当に困窮してしまう可能性があります。何かの誤りで実際に一時保護がされたりすると、もしそれが数日のみの保護だったとしても、その親に対する風評被害は決定的なものになるでしょう。これが著名人であれば、メディアにおもしろおかしく書き立てられるかもしれません。

他にもたとえば、親がネグレクトを起こしてしまったケースがありました。学校の先生が児童相談所に通報した後に即一時保護となり、子どもたちはそれぞれ別の児童養護施設に措置されることとなりました。そのショックで母はアルコール依存症になり、今も我が子がどこで過ごしているのか知らされていません。

ある職員は「保護の名の下に子どもが連れていかれてしまっても、親が暴れたらもう子どもが帰ってこなくなる。児相が家庭支援の役割を果たしているというが、実際には児相が親を追い詰めている側面がある」と話していました。

職権保護の決定権が第三者機関にあれば、児相職員が家庭を訪問しても、近隣の方々は「子育ての相談でもしているのかな」といった程度に考えることになる可能性が高まるように思います。もちろん、完全に児相に対する人々のイメージが変わるわけではないとは思いますが。

第三に、ケースワーカーの仕事負担軽減の観点からです。

児童福祉司の家庭支援事業は、予約を組んでやっていく仕事です。その一方で、家庭介入は突発的に入る仕事です。この二つを一人のケースワーカーが一緒に行うと、時間管理が非常に難しくなります。

ただでさえ児童福祉司が大量のケースを抱えている現状に鑑みると、家庭介入は別機関に任せたほうが効率性を高める観点から望ましいのではないでしょうか。

こういった声を受けて、二〇一六年中盤から、児童相談所による強制介入に裁判所が関わる方向で検討を進めることが決まりました。本書が書かれている現在はまだ討議中であり、経験も浅い裁判所がそれほど早期に対応できるわけではなく実効性は低い、といった理由から反対する人々も存在しますが、個人的には、家庭と子どもの利益を最優先に考えた際には、この方向性がよいと感じています。

(6) 増加する貧困と虐待

†一時保護の背景には貧困と虐待が

ここでは、一時保護関連データと、その背景にある事情について概観します。

一時保護件数は一九九七年には一七一三九件でしたが、その後毎年増加し、二〇一四年ではその数は二二〇九四件となっています(図9)。

特徴的なのは構成です。虐待とその他ケース(主に親の病気や経済的困窮など)を含めた養護ニーズは一九九七年には七七二一件であり、全体の四五%でした。この数が二〇一四年には一六六六七件となり、全体の七五・四%を占めるに至っています。そのうち、近年においてようやく統計をとりはじめた虐待の比率が年々大きくなっているのも見て取れます。これは後に述べるように、児童相談所においてここ三〇年で虐待相談対応が急増して

［図9］　一時保護件数と理由の推移

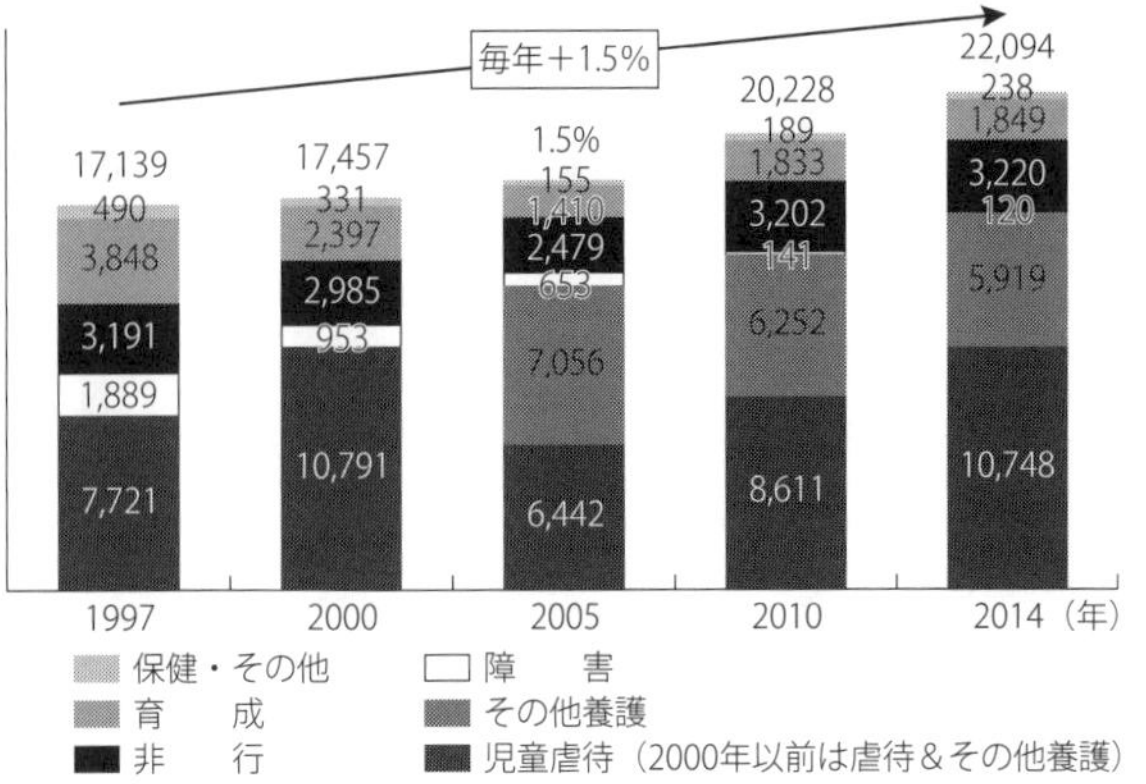

〈厚生労働省「福祉行政報告例」より〉

いることとも関連しています。

また、一九九七年において育成（生活指導など）と非行が一時保護理由となったケースは七〇三九件で、全体の四一・一％でした。それが、二〇一四年には五〇六九件に減少しており、全体の比率は二二・九％と約二〇年で半分となっています。なお、全体的に抑圧的な一時保護所が多いのは、過去において非行ケースが多かった事情を反映しているという意見もあります。

そこで、日本の格差・貧困と虐待の状況についてもう少し詳しく見ていきましょう。

格差・貧困の拡大

厚生労働省の統計によると、日本の実質所

得は、一九九〇年代末にピークを迎えた後には下落を続け、三〇年前の水準に戻っています。一方で、相対的貧困率は着実に伸び続けています。現在一人あたりの等価可処分所得（家計所得を家計人数の平方根で割ったもの）が一一〇万円以下であると貧困家庭と定義されますが、その比率は一六％となっています。特に貧困率が深刻なのは母子家庭で、三分の二の母子家庭では世帯収入が三〇〇万円未満です（図10、図11）。

この三〇年間に状況がほぼ変わっていないために、日本の豊かさは世界において大きく順位を下げています。日本の一人あたりGDPは一九八五年には世界二一位でした。それが九〇年代前半には一〇位以内に入りましたが、その後下落を続け、近年においては二〇位以下をフラフラとしています。九〇年代にはシンガポールに追いぬかれ、今や韓国との順位差も縮まりつつあります（図12）。

日本が一億総中流の国であるというのは過去の話で、その貧困率は世界的にも高くなっています。たとえば財政破綻懸念が取り沙汰されているポルトガルよりも、日本の子どもの貧困率は高いのです（図13）。

特に、ひとり親家庭の子どもの貧困率は、OECD加盟国のワースト一位になっています。その大きな理由は、シングルマザーが働き口を探すのが難しいことにあります。日本

[図10]　日本の実質所得（万円）と相対的貧困率（%）の推移

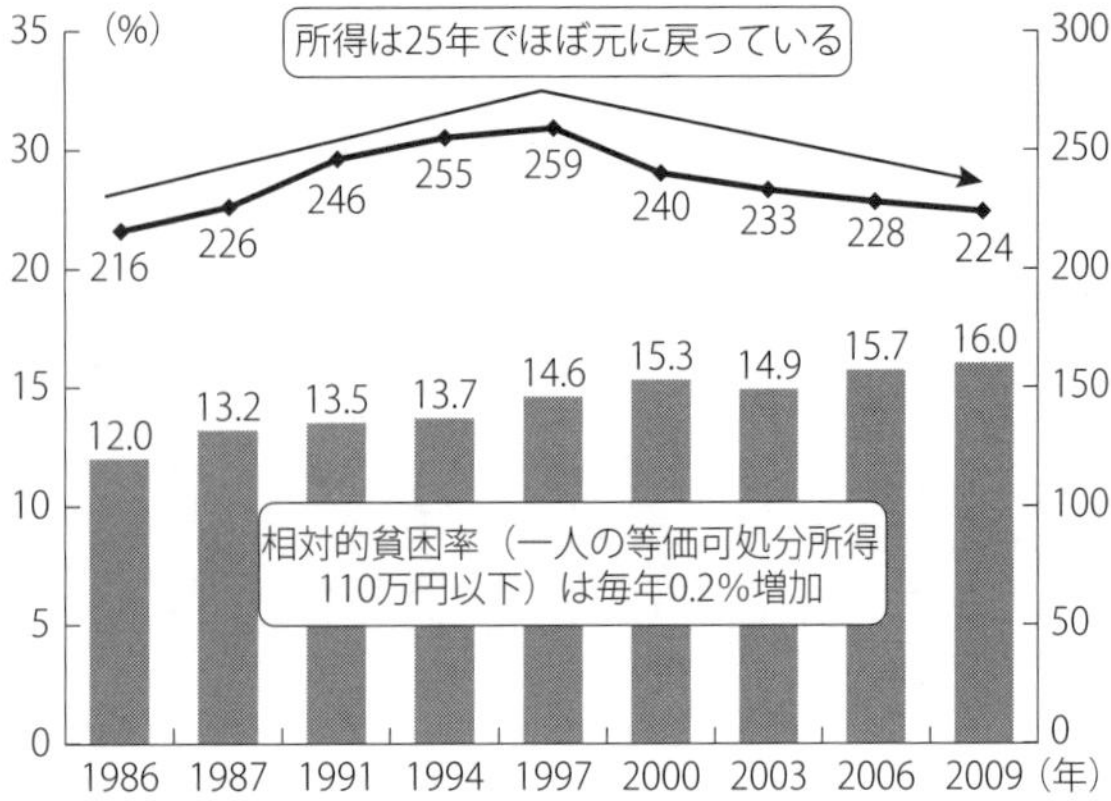

[図11]　母子世帯の年間収入*の分布

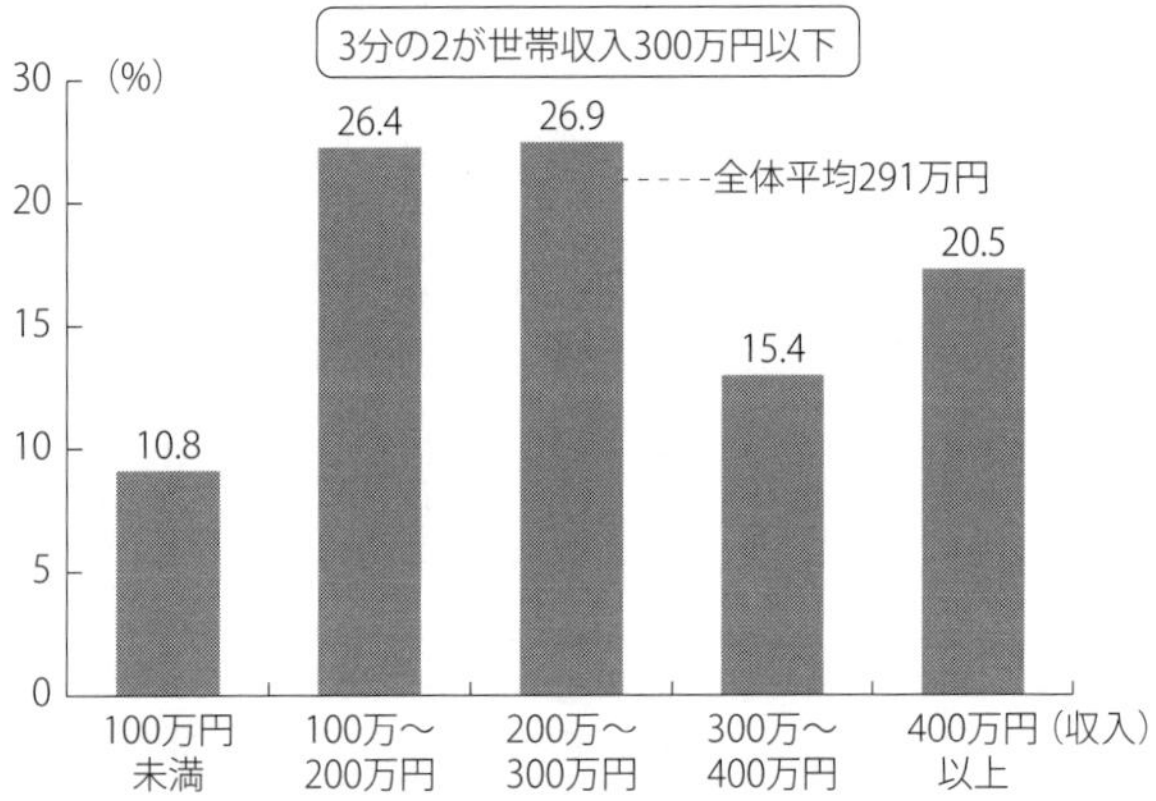

〈厚生労働省統計「全国母子世帯等調査(2011年)」〉
*就労収入の他に、養育費、各種補助金等を含む

［図12］　一人あたりGDP（購買力平価ベース）の順位

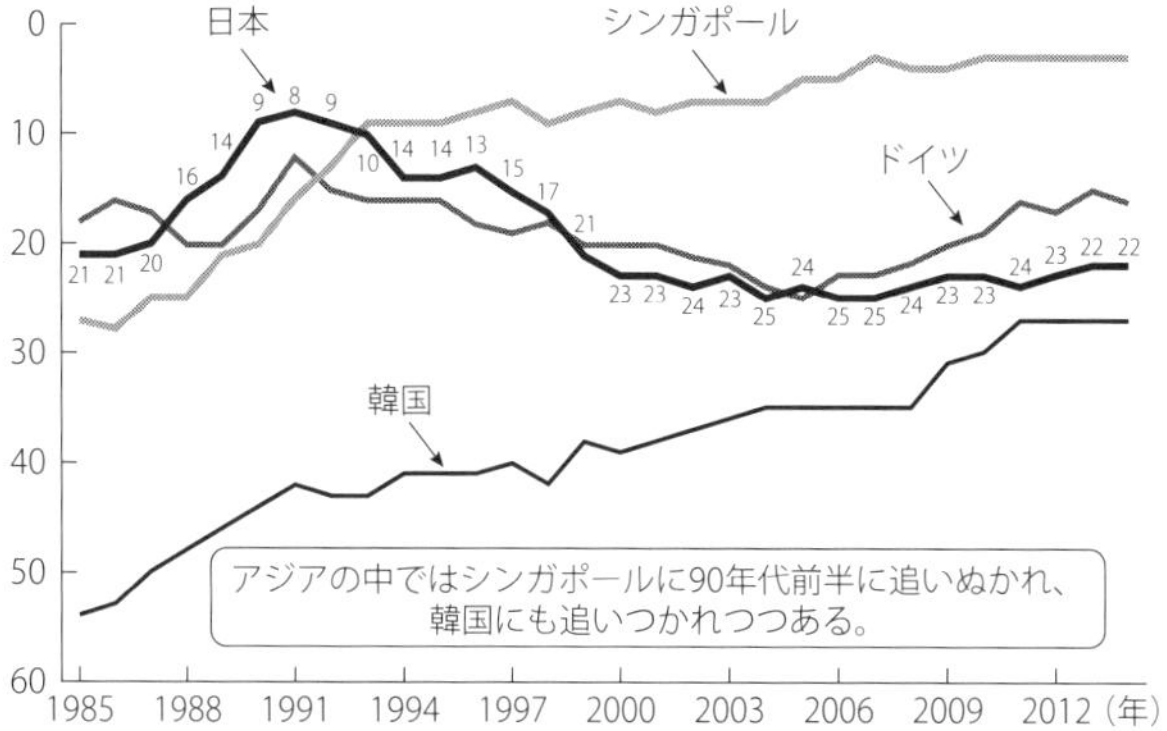

〈IMF, World Economic Outlook 2014〉

では、一〇〇世帯あるうちの八世帯はひとり親家庭で、うち、父子家庭と母子家庭がそれぞれ半分ずつを占めています。

　コラムで詳しく書いていますが、貧困率は所得の中間値の半分と定義されますので、格差が拡大すると貧困率は増大していきます。産業革命が起きた際にも、半世紀にかけて世界的に格差は拡大しました。短期においては、機械は確実に工場労働者の仕事を代替していったからです。

　情報技術革命が本格化したのはまだ二〇年前のことなので、これからも格差は拡大していくと考えられています。情報通信技術の発達は国内での知的労働をコンピューターで代替するのみならず、場所の制約なしに仕事を

［図13］　子どもの貧困率と一人親家庭の子どもの貧困率の各国比較

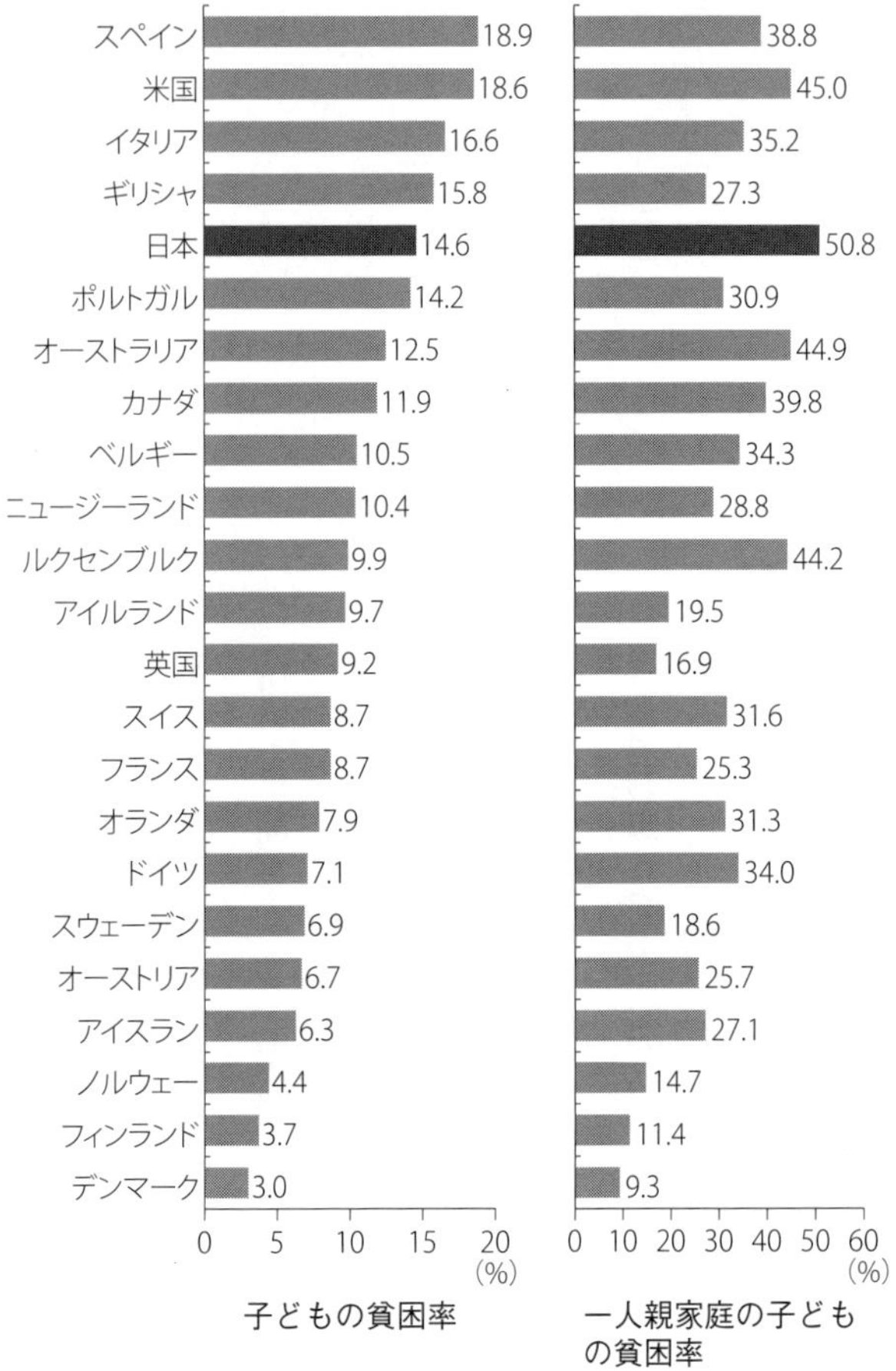

〈OECD Family Database, 2010年〉

することを可能とするので、英会話レッスンやコールセンター業務など様々な仕事が労働力の廉価な途上国や新興国にアウトソースされていきます。

こういった機械による人間労働の代替と経済活動のグローバル化は先進国内での格差を更に拡げていきます。近年において世界中で排外主義運動が徐々に勢力を強めているのは、拡がる格差に対する反感とは無縁ではないように思います。

産業革命期を振り返って得られた教訓は、格差拡大期において政府がどれだけ子どもに対してお金を割くかによって格差の程度は変わるということです。お金をばら撒けば良いわけではないのですが、この分野にお金を割くことなくして格差を抑えることはできないことは確かでしょう。

図14、図15にあるように、政府による家族向け支出や教育向け支出の大きさは、子どもの貧困率と明確に相関しています（日本は大きな丸）。日本の教育向け支出はOECD各国で最低水準、家族向け支出も低いままでとどまっています。

少子高齢化が進みシルバー民主主義となる中で、高齢者向け支出を抑えながら子ども向け支出を増やすのは本当に大変なことです。ある衆議院議員の知人は、地域の高齢者から「私たちの年金を一円でも減らしたら、容赦しないからな」と言われているそうです。

[図14]　家族向け支出と子どもの貧困率

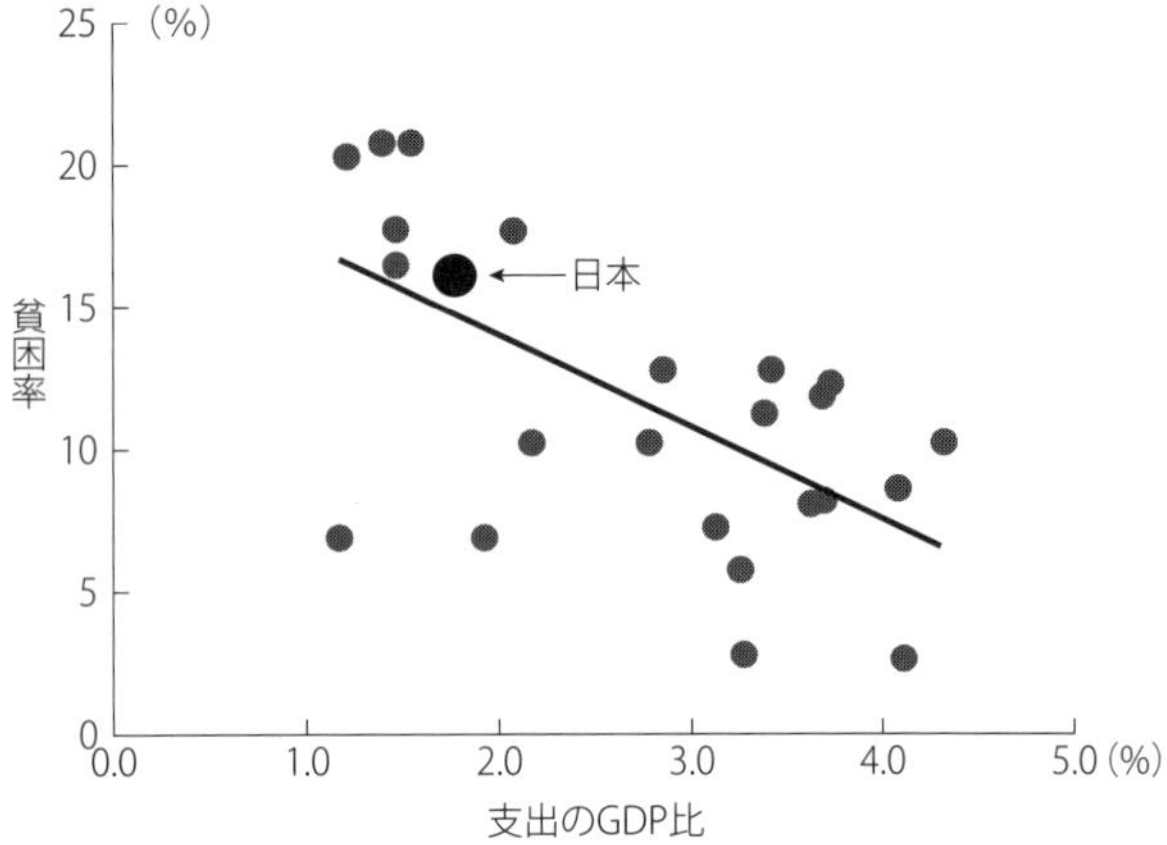

[図15]　教育向け支出と子どもの貧困率

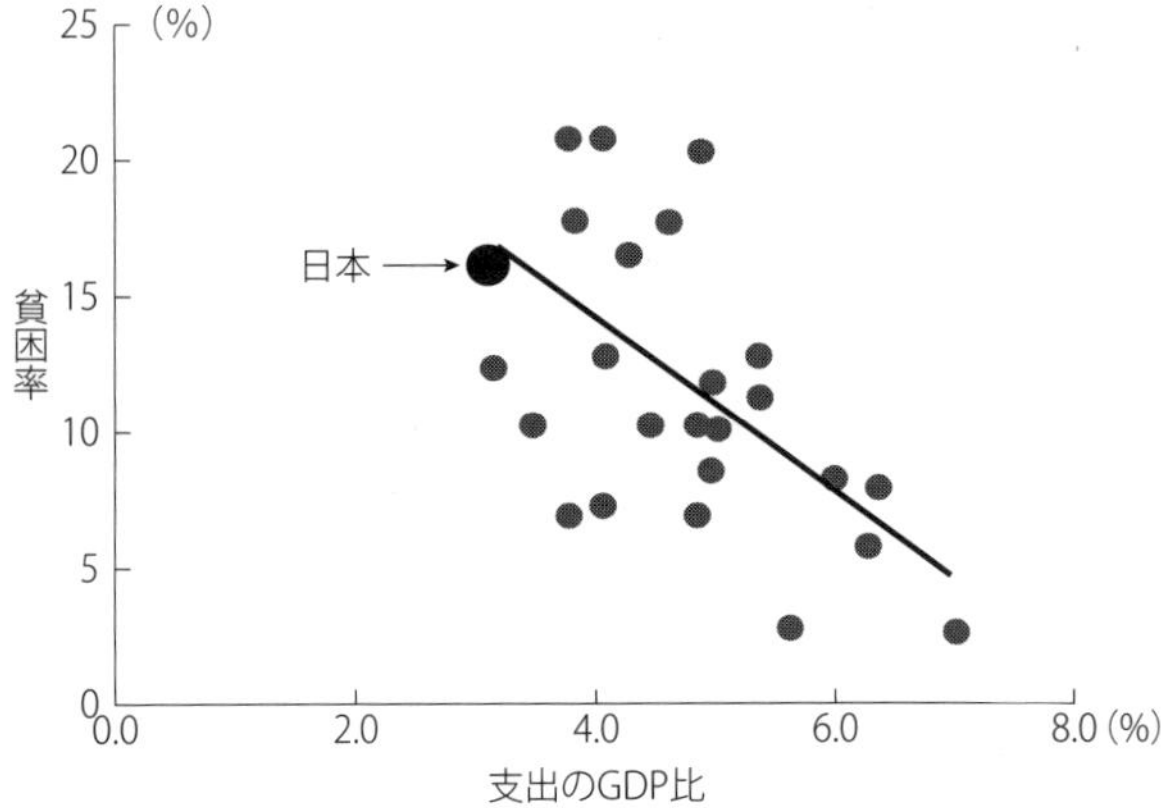

〈OECD Family Database、2014年〉

†増加の一途をたどる虐待通報

貧困家庭にいる人々は、日々の生活の苦しさや、先行きに対する不安など、様々なストレスにさらされることになり、それが家庭内で児童虐待を起こす一因になります。もちろん、物質的に恵まれている家庭でも児童虐待は起きますが、児童虐待で通報される家庭の多くが経済的な問題を抱えています。他にも、親が精神的に不安定で、それが虐待や貧困につながっているというケースもあるでしょう。貧困と虐待をたった一つのわかりやすい構図で描くのは誤りなのです。

虐待といえば親が子どもに対して物理的な暴力を振るうことだけだと思っている人が多いかもしれませんが、それは身体的虐待という虐待の一類型です。現在、児童虐待は次の四種類に分類されています。

・身体的虐待

殴る、蹴る、叩く、投げ落とす、激しく揺さぶる、やけどを負わせる、溺れさせる、首を絞める、縄などにより一室に拘束する、など。一昔前は、虐待といえば身体的虐待でした。

・性的虐待

子どもへの性的行為、性的行為を見せる、性器を触る又は触らせる、ポルノグラフィの被写体にする、など。子どもにとって強烈なトラウマ経験となるのみならず、子どもからの証言がない限りは見つけにくいこともあり、統計上過少になっている可能性があります。

・ネグレクト

家に閉じ込める、食事を与えない、ひどく不潔にする、自動車の中に放置する、重い病気になっても病院に連れて行かない、など。近年増えている虐待類型です。基本的な生活習慣がついていない場合などもこれにあたり、保護された際に歯が虫歯ですべてなくなっていたといったケースすらあったりします。子どもの置き去りや棄児もネグレクトです。

・心理的虐待

言葉による脅し、無視、きょうだい間での差別的扱い、子どもの目の前で家族に対して暴力をふるう（ドメスティック・バイオレンス：DV）、きょうだいに虐待行為を行う、など。殺し合いに近い夫婦ゲンカで両親が警察に捕まった際に、子どもも同様に警察に行き、そこから一時保護所に保護される際には、心理的虐待とみなされます。

［図16］ 児童虐待相談対応件数

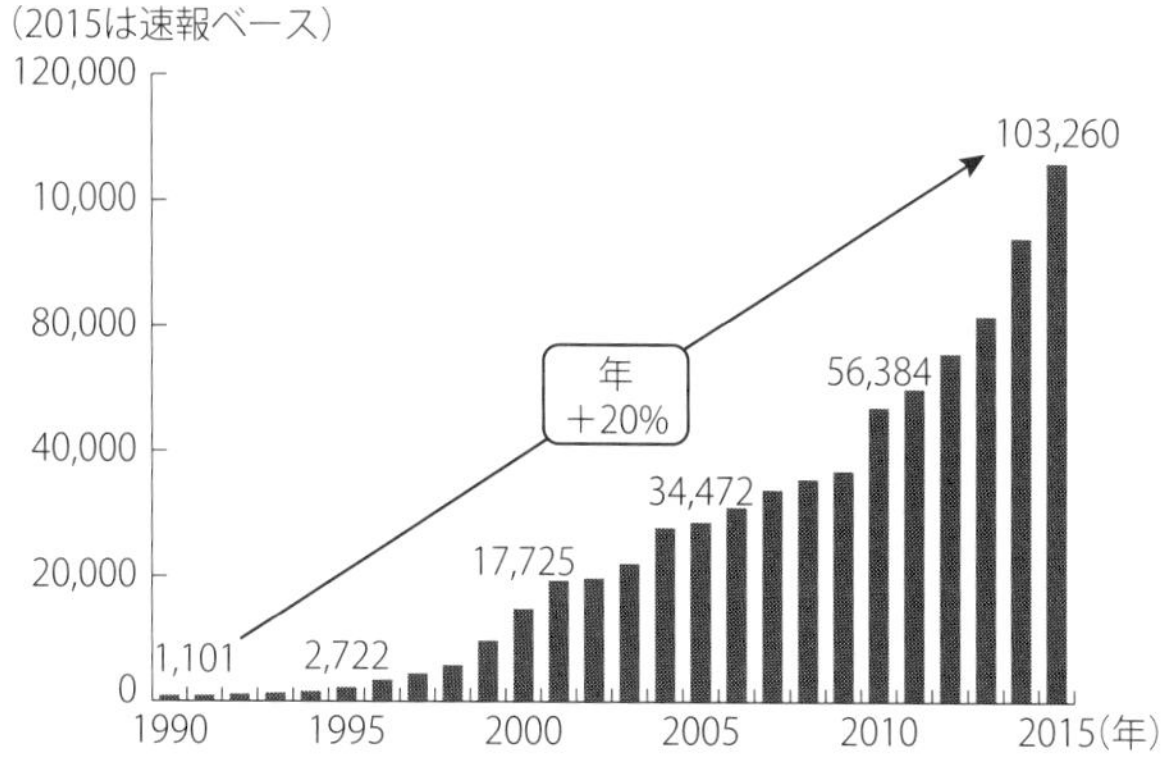

〈厚生労働省「福祉行政報告例」〉

児童虐待相談対応件数は、ここ数年において増加の一途をたどり、二〇一五年の虐待相談対応件数はついに一〇万件を超えるようになりました（図16）。

社会の虐待に対する認知が高まり虐待通報をしやすくなると、表向きの数字が悪くなる場合があります。よって、虐待相談対応件数の増加が問題の深刻化と一致しない可能性があることには注意が必要です。図17にあるように、虐待死する子どもの数が一〇〇人を超えたのは二〇〇六〜二〇〇八年のみであり、その後減ってきています。また、数を見るとわかるように、子どもの虐待死において心中がかなりの比率を占めていることも見逃せま

[図17]　児童虐待によって死亡した子どもの数

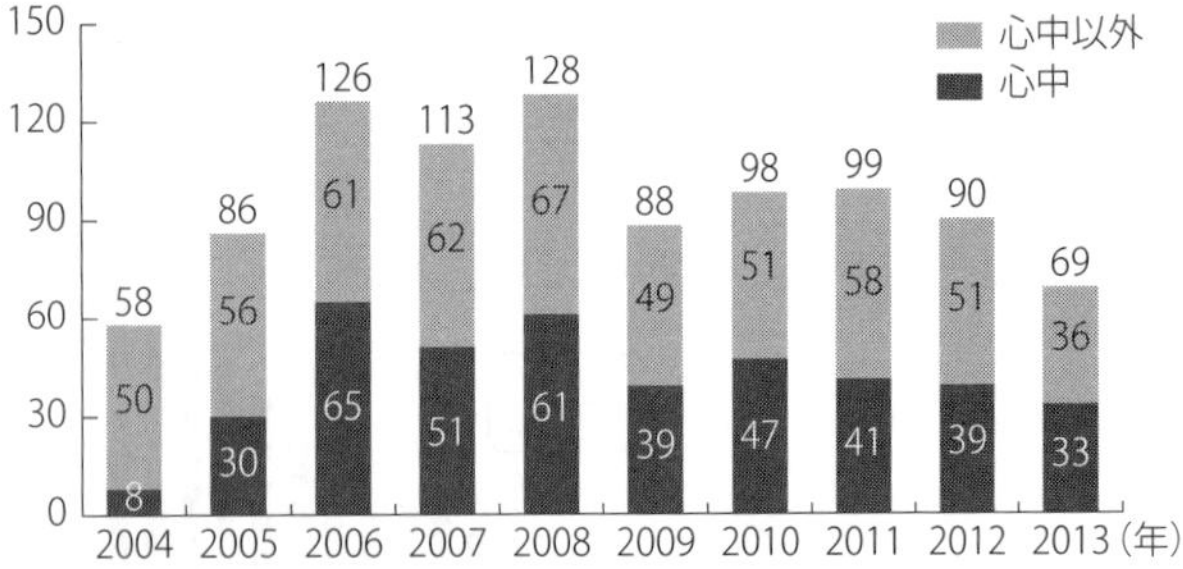

〈厚生労働省「児童虐待の現状」
http://www.mhlw.go.jp/stf/seisakunitsuite/bunya/kodomo/kodomo_kosodate/dv/about.html〉
注：2007年については１年３ヵ月分のデータであったため、各年の比較を可能にするため12/15をかけた数字を用いている。2007年１月～2008年３月末までの数字は心中64人、心中以外78人。

せん。

このことから深刻な虐待が減っていると結論づけるのは早計ですが、深刻な虐待が増えているという主張をサポートする論拠はないように思います。虐待通報をしやすい風潮がつくられていった結果、最も深刻なケースが避けられているといえるのかもしれません。

時系列での類型別の内訳は、図18の通りです。絶対数としてはどの虐待も伸びているのですが、心理的虐待が特に伸びているのが特徴です。これについては、近年においては、夫婦ゲンカで警察に引き取られた子どもの多くについて心理的虐待という判定がされることなど、統計の取り方にも問題があるのかもしれません。

［図18］　虐待内訳別の時系列推移

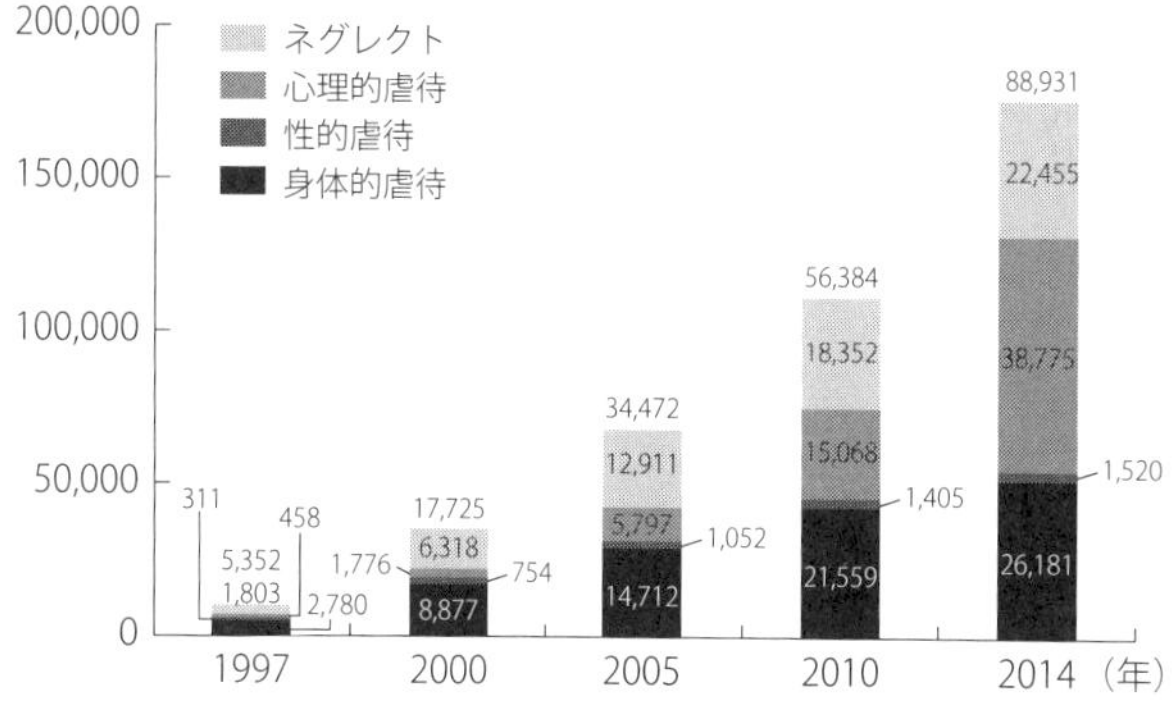

〈厚生労働省「福祉行政報告例」〉

注：1997年については、登校禁止という分類があったが、これをネグレクトに統合している

†発達障害の多さは虐待の原因か結果か

一時保護所にやってくる子どもにおける発達障害の比率は、社会平均に比べてかなり高くなっています。発達障害とは、知的障害、学習障害、注意欠陥多動性障害（ＡＤＨＤ）、自閉症スペクトラム障害などの総称です。

文部科学省の「通常の学級に在籍する発達障害の可能性のある特別な教育的支援を必要とする児童生徒に関する調査結果について（二〇一二年）」によると、全国で発達障害を抱えているとされる子ども（具体的には学習または行動に困難を抱える子ども）の数は六・五％であるとされています。これに対し、一時保護所にいる子どもたちのうち、二一・

一％が発達障害を有しているとされています。全国平均の三倍以上です。

一時保護児童における発達障害児数の多さの理由には、二つが考えられます。第一に、発達障害のある子どもを育てるのは困難を伴うため、親が虐待をしてしまい、それが一時保護につながること。様々なストレスにさらされて生きている親が、聞き分けのない子どもと毎日を過ごすうちに手が出てしまったり、子どもの育児を放棄してしまったりする場合などが少なくありません。

第二に、親からの虐待が発達障害もしくは発達障害と疑われるような症状を誘発していること。本来的に発達障害は虐待の有無にかかわらず発生するものですが、虐待を受けた子どもの行動特性には発達障害に似ているところもあり、発達障害と認定されている可能性があります。

また、一時保護所に在所している子どものうち六・三％が療育手帳（知的障害者に交付される手帳）をもっています。全国平均で一八歳未満の知的障害者数は一二万五〇〇〇人で（二〇一三年障害者白書より）、これは全国の一八歳未満人口約二〇〇〇万人に対して〇・六％程度しかありません。障害が原因で虐待を受けやすかったのか、虐待が原因で障害をもつようになったのかについては完全には解けないのかもしれません。

［表9］ 一時保護所児童と全国平均の身長・体重

		一時保護所在所児童		同年齢の全国平均		保護所児童 - 全国平均			
	平均年齢	身長（cm）	体重（kg）	身長	体重	身長	%	体重	%
男	10.3	140.0	36.9	140.8	35.2	−0.8	−0.5%	1.6	4.4%
女	10.9	138.1	36.9	146.3	38.5	−8.3	−6.0%	−1.6	−4.3%

〈和田（2014）、文部科学省「学校保健統計調査 平成27年度 全国表」より著者作成〉

さらに、身長と体重を全国平均と較べてみると、表9の通りかなりの差が出ているのが気になります。特に、女子の平均身長一三八・〇五センチは、全国平均の一四六・三〇センチに対して八センチ以上も下回っています。虐待（特に性的虐待）によって子どもの成長が止まるというのは聞かれる話ですが、この身長差が虐待によるものなのか、データ集計の方法の影響によるものなのかについては、追加の調査が待たれるところです。

†親も貧困と虐待の犠牲者

一時保護される子どもの親の状況を見ていると、貧困が連鎖する現状を痛感せずにはいられません。表10は、子どもたちの親の状況を示したものです。

一時保護所にやってくる子どもの親の年齢層は二〇代～五〇代がほとんどで、中卒の割合が三割、高卒は四割となっています。大卒に至っては七・二％ほどでした。二〇代～五〇代における大卒の割合（二〇一〇年時点）は四七・二％ですから、その差は明らかです。

現代日本においては学歴と就労状況には相関がある場合がほとんどですが、一時保護された子どもがいる家庭において親が失業中である場合は約四割と、全国平均の倍となっています。なお、念のためですが非就労率と失業率は異なり、たとえば専業主婦・主夫となり、職探しをしていない人は非就労者ではありますが失業者ではありません。

犯罪歴の持ち主は一割、精神疾患保有者は三割弱、何らかの依存症を有していると思われる人が一割以上と、日本社会全体からすると特異な状況にあります。

更に、七割の親のどちらかに離婚歴があり、生活保護受給率は二割以上です。

こういった事情に鑑みると、子どもたちの親が子どもだった頃にも、同じような環境にさらされていたのではないかと想像せざるを得ません。虐待や貧困は連鎖しており、近年においては階層の固定化がその深刻さを増してきています。

［表10］　入所児童の親権者の状況

		一時保護された子どもの親			
		男性	女性	全体	全国平均
教育	中卒	22.4%	36.8%	32.0%	45.8%
	高卒	49.7%	41.0%	43.9%	
	大卒	10.3%	5.7%	7.2%	47.2%
	その他	17.6%	16.5%	16.9%	7.0%
就労状況	有職	83.5%	48.2%	60.9%	78.1%
	無職	16.5%	51.8%	39.1%	21.9%
犯罪歴	あり	16.3%	7.2%	10.4%	n/a
	なし	83.7%	92.8%	89.6%	n/a
精神疾患	あり	10.6%	38.7%	28.8%	2.5%
	なし	89.4%	61.3%	71.2%	97.5%
アルコール依存	あり	3.4%	4.6%	4.2%	0.6%
	疑いあり	9.2%	8.0%	8.4%	3.4%
	なし	87.4%	87.5%	87.4%	95.9%
薬物依存	あり	2.9%	3.7%	3.4%	n/a
	疑いあり	2.2%	3.7%	3.1%	n/a
	なし	94.9%	92.6%	93.4%	n/a
暴力をふるったこと	あり	29.4%	27.1%	27.9%	n/a
	なし	70.6%	72.9%	72.1%	n/a
介入に対する態度	肯定的	77.4%	83.6%	81.5%	n/a
	否定的	22.6%	16.4%	18.5%	n/a

一時保護児童の親については和田（2014）より著者作成・全国比較においては、国勢調査、総務省統計局労働力調査・人口推計、厚生労働省「患者調査」等を参照

コラム❶　等価可処分所得はなぜ平方根で割って計算するのか

貧困率の計算に用いられる等価可処分所得（equivalent disposable income）は、次のように計算されます。なお、可処分所得とは収入から税金や社会保険料などを除いた、いわゆる手取り収入のことです。

等価可処分所得＝家計の可処分所得÷（√家計人数）

たとえば、四人家族で家計の可処分所得が四〇〇万円の場合、その家庭における等価可処分所得は二〇〇万円となります。一人暮らしで可処分所得が二〇〇万円の場合と同じというわけです。四人世帯の貧困ラインは、可処分所得二四四万円です。

なぜ人数で割らず、人数の平方根で割るのかについて疑問を抱いている人がいるかもしれませんが、その場合には次の二つの家計の例を考えてみましょう。

A　一人暮らしで可処分所得が五〇〇万円

［表11］　単純な一人あたり所得と等価可処分所得

	家計人数	可処分所得(万円)	一人あたり所得	等価可処分所得
A	1	500	500.0	500.0
B	2	1,000	500.0	707.1
C	4	2,000	500.0	1000.0
D	2	707	353.6	500.0

B　二人暮らしで可処分所得が一〇〇〇万円

AとBの一人あたり所得を単純に割り算すれば、どちらも一人あたり五〇〇万円となります。しかし、AとBのどちらが生活に余裕があるかと聞かれたら、ほとんどの人がBと答えます。それは、二人暮らしをすれば様々なものを共有できるので、生活にかかるコストを抑えられるためです。家族の数が増えればその程度は更に増していきます。シェアハウスなどが流行るのも要はいくつかのスペースを共有すれば家賃を下げられるからです。

よって、AとBの家計的余裕が同じとは考えられないわけですが、どのように計算をすれば比較可能になるでしょうか。絶対的な答えは存在しないものの、一つの答えとして提案されたのが、家計の人数で平方根を取って割ることです。

表11にいくつかの数値例を作ってみました。単純な一人あたり所得で考えると、家計の人数が増えるほどに等価可処分所得は増えて

暮らし向きは楽になります。また、一人暮らしで五〇〇万円と同等の生活は二人暮らしで七〇七万円というのは、だいぶ私たちの実感に近いのではないでしょうか。

コラム❷　絶対的貧困と相対的貧困

貧困を表す指標には相対的貧困と絶対的貧困の二種類があります。本書で貧困という場合には、相対的貧困を指しています。両者について説明していきましょう。

相対的貧困とは、先にコラムで説明した等価可処分所得について中央値（データを小さい順に並べた時に真ん中に来る数値です）の半分以下にあることです。たとえば、日本では等価可処分所得の中央値が名目値で二四四万円くらいなので、その半分である一二二万円が貧困ラインとなります（一九八五年を基準にした実質値では一一〇万円です）。

なぜ中央値を取るかというと、所得の中央値は「普通の人の暮らし向き」をうまく表現しやすいためです。

たとえば、五つしか家庭がない小さな村で、その等価可処分所得が二〇〇万円、二一〇万円、二二〇万円、二三〇万円、二四〇万円だったとしましょう。この時の平均所得は二二〇万円、中央値も二二〇万円です。

ここに、等価可処分所得が二〇〇〇万円のお金持ちが引っ越してきたらどうなるでしょう。村の平均所得はいっきに五一七万円に上がってしまいます。一方で、中央値は二二五万円であり、大きく変わることがありません（表12）。中央値がよく用いられるのはこういうことが理由になっています。

「一人で一二二万円なら月に一〇万円あるし、飢え死にはしないではないか」という人がいるかもしれません。確かに先進国であれば、貧困線以下の所得であっても飢え死にまではいかないでしょう。では、なぜ貧困線をこのように定義したのでしょうか。

［表12］　平均値と中央値

	新参者前	新参者後
家計A	200	200
家計B	210	210
家計C	220	220
家計D	230	230
家計E	240	240
新参者	n/a	2,000
平均値	220	517
中央値	220	225

等価可処分所得の中央値の半分が貧困ラインとされた理由は、この「普通の人の暮らし向き」から遠く離れた生活をすることは、単に物質的に厳しいのみならず精神的に苦しいであろうと考えられるからです。アダム・スミス以来、多くの経済学者たちが、貧困とは単に生命を維持するための物質を買うことができないことを含むだけでなく、一般の人々であればできることができないことにある、と考えました。というのも、猿だった時代からの習性で、人には周りの人々と自分の生活を較べ、そこから幸せ・不幸せを感じる側面があるからです。

［図19］ OECD加盟国貧困率（横軸）とジニ係数（縦軸）

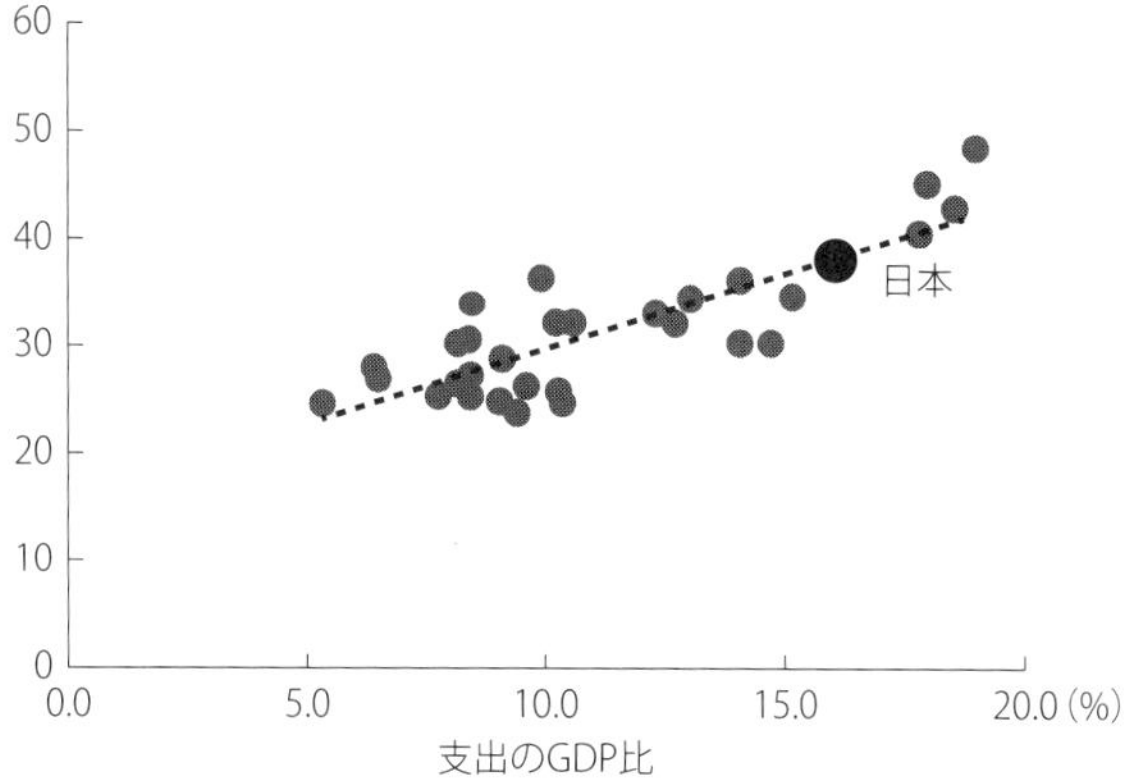

〈CIA FactbookおよびOECD Family Database（2015年）〉

ＯＥＣＤやＵＮＩＣＥＦなど数多くの国際機関が、貧困の定義として相対的貧困を採用しているのはこのためです。日本での貧困率も同じように計算されています。もちろん、都市部と農村部で生活費が倍近く異なる場合もあるにもかかわらず、一律に貧困線を定義することが適切なのかという問題はありますが、よりよい代替案がないのが現状です。

　また、計算方法からも明らかなように貧困率は格差の指標ということもできます。格差の指標としてよく知られているものにはジニ係数がありますが（〇が完全平等、一〇〇が完全不平等で計算される指標）、貧困率とジニ係数には明確な相関があることが見て取れます。ＯＥＣＤの二〇一〇年

発表統計による日本の貧困率は一六・〇%で、ジニ係数は三七・九でした。（図19）

これに対し、絶対的貧困は、生活がある所得以下にあることです。一昔前までは、「一日あたり等価可処分所得が一ドル以下」というのが有名な絶対的貧困の定義でした。その後、世界銀行は二〇〇五年にこの定義を一・二五ドルにし、二〇一五年一〇月からは一・九ドルとしました。

こういった数字の決め方ですが、これは一五の最貧国の貧困線（相対的貧困の基準値）を計算したところ出てきた数字です。経済成長や為替レートの変動が理由で変化しています。

絶対的貧困は極度の貧困とよばれることもあります。世界経済が成長するに従い、絶対的貧困は減少傾向にはあるものの、二〇一五年現在、依然として七億人が極度の貧困（一・九ドル以下）のなかで暮らしています。

（7）激務に明け暮れる児童相談所

何度かふれたように、現在手に入るデータは、社会における虐待が深刻化しているのか、もしくは単に問題が表面化してきただけなのかについて、明快な答えを与えることができません。「最近世の中がおかしくなっている」というのは、いつの時代も人々が口にしていた言葉なので、安易にこういった論調に流されないように注意が必要です。

一方で一つだけ明確なことは、この虐待相談対応件数の急増と共に、児童相談所の業務量が急増し、職員たちが日々激務を強いられていることです。

†児童福祉司の担当ケースの急増

児童相談所内で虐待対応をするのは児童福祉司たちです。児童福祉司の業務内容は、子どもの親の相談に応じること、虐待が疑われるケースなどにおける調査活動、子どもの支

［図20］　児童相談所と児童福祉司数

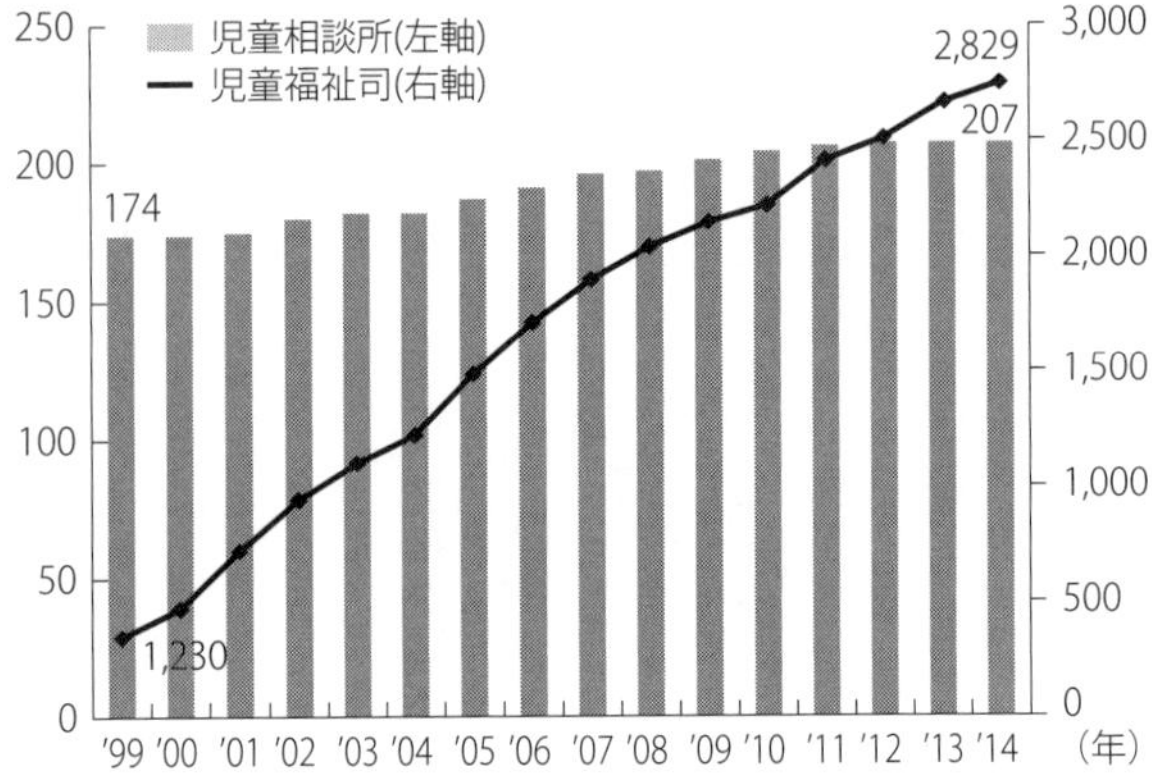

〈厚生労働省〉

援方針の策定、子どもに関わる各種関係者との調整など多岐に亘ります。

児童虐待対応の急増を受けて、児童相談所は過去一五年で一七四ヵ所から二〇七ヵ所に増え、児童福祉司は一二三〇人から二八二九人に大幅増員されました。多くの行政予算が削られていっている現状において、この伸びは目覚ましいものがあります。

しかしながら、児童福祉司の増員は虐待相談対応件数の伸びに追いついていないのが現状です。児童福祉司数はこの一五年で二倍強になったものの、虐待相談対応件数は八倍弱となっています（図20、21）。

虐待相談対応件数を児童福祉司数で割ると、一九九九年における児童福祉司一人あたりの

［図21］　虐待相談対応件数と児童福祉司の推移

（1999年を100とした場合）

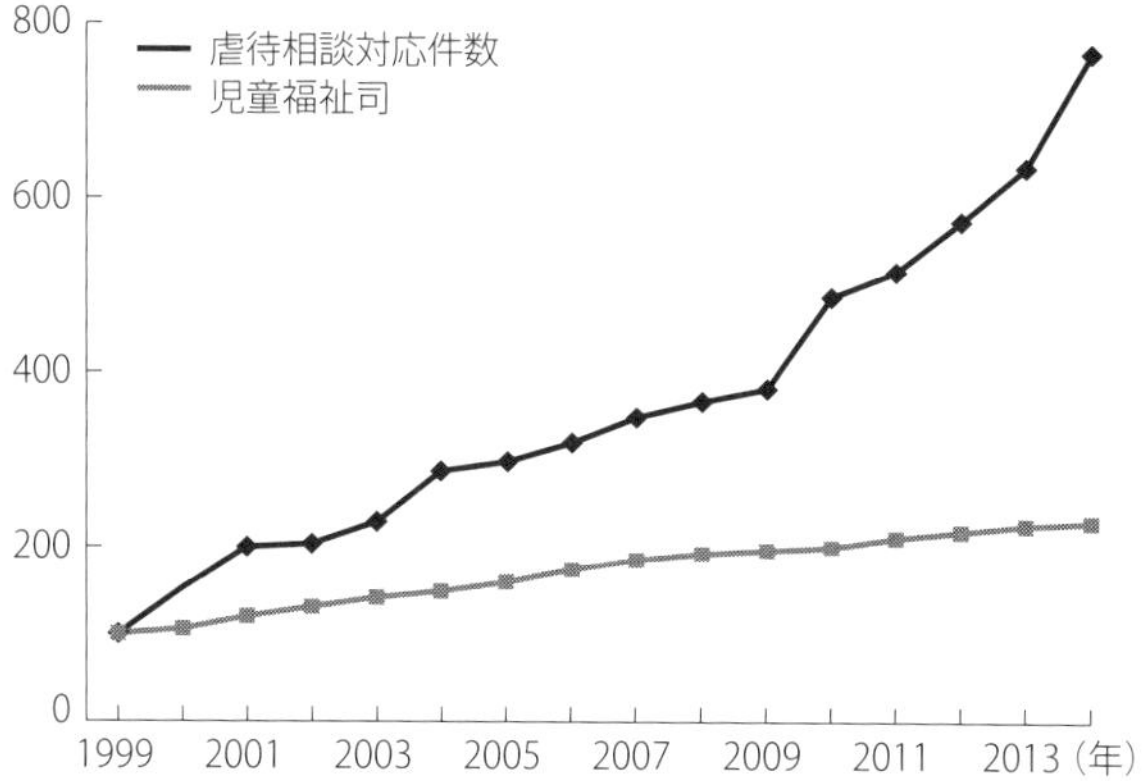

虐待相談対応件数は九件でしたが、二〇一四年のそれは三一と、三倍以上に伸びています。もちろん虐待相談対応件数が増えたとはいえ深刻なケースの比率は減っているはずなので、業務量が三倍以上になったというわけではありませんが、多くの関係者らが、一五年前と比べて仕事量が二倍は増えたと話しています（図22）。

　陳腐な言い方になりますが、こういった現状において、現場は疲弊しきっています。児童相談所で働く職員たちの声を、いくつか紹介します。

「うちのケースワーカー（注：児童福祉司のこと）たちはみな疲れています。午前八

[図22]　児童福祉司一人あたり虐待相談対応件数

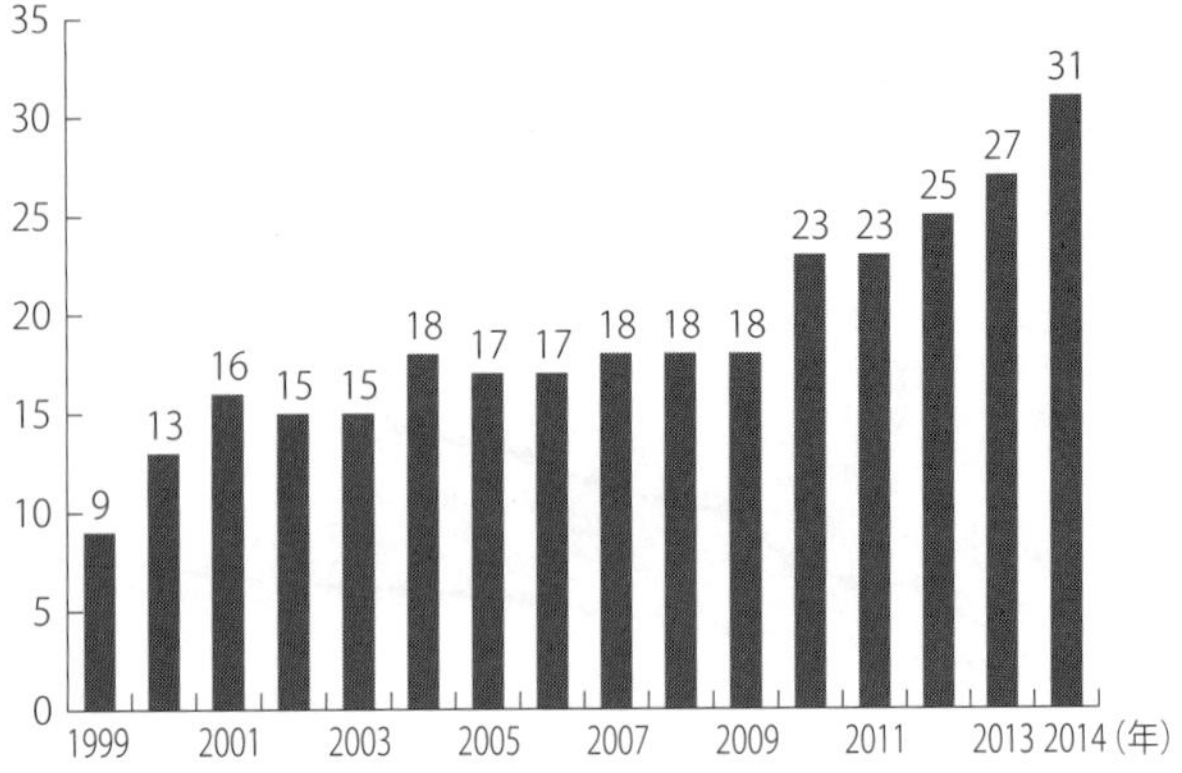

〈厚生労働省〉

時半から働き始め、仕事をしている親に会おうとすると、仕事終わりが夜一〇時を過ぎることも多いです。この児童相談所だけの話ではありません。二カ月に一度県内の児童福祉司会議がありますが、県内のすべての児童福祉司がみな同じ状態にあります。自分たちの仕事について時間をとって振り返る暇もなく、毎日ケースを追いかけています」。

「子どもの骨を折るぐらいの虐待をしながら『躾です』と話したり、生活保護で受け取るお金をすべてパチンコに費やして全く子どもを顧みなかったり、家中がゴミ屋敷だったり、夫婦で殺し合いにちかいケンカをしたり、そういうめちゃくちゃな親に毎日のように会っています。

そういう家庭に介入をして子どもを一時保護すると、親がものすごい剣幕で児童相談所にやってきます。そういった親に対して動揺する素振りを見せると、『児童福祉司を脅せば子どもが取り返せる』と勘違いされるので、感情は全く見せず、ポーカーフェイスになって事務処理をしています。もはや神経が若干麻痺してきています」。

「あまりにも忙しすぎて休職する職員も出てくるし、現在も一人が休職中です。これは、ある程度の処理能力がない人には務まらない仕事ですね」。

「児童養護施設にいた子どもの中には、自分が大きくなったら施設の職員さんになりたいという子どもがいる。里親家庭でも同じだ。その一方で、社会的養護下にある子どもで児相の職員になりたいと思っている子どもはいない。子どものためにやっていながら、子どもからは憎まれ、辛いなあと思う。もちろん、児相は社会の黒子みたいなもので、目立たないのが一番ではあるが、ときどきやってられないなと思うことがある」。

「自分自身が子育て中であるにもかかわらず、自分の子どもに対してきちんとケアをしてあげられないのが辛い。たとえば、自分の子どもが明日受験なのに、虐待対応のために一緒にいてあげられないといったことがある。他人の子どものことをしながら、自分の子どもが後回しになっている現実に、日々葛藤が絶えません」。

「日々の相談業務に追われて将来のことを見据えられない、というのが児童相談所です。情けない話かもしれないが、追い立てられるような相談件数の多さのために、『これからの児童相談はどうあるべきか』といった質問をされても答えに窮してしまいます」。

†児童相談所が忙しすぎて生じる虐待死

児童虐待防止法の制定にはじまり、様々な意識喚起のための取り組みの結果、社会の虐待に対する問題意識が高まってきています。虐待通報の増加もその一つの現われです。

通常であれば、そういったケースにおいては虐待死が減っていくものですが、先に見たようにここ数年で虐待死は減少傾向にはあるものの、大幅に減っているという事実はありません。その一因には、先に見たように虐待対応件数が増えすぎて、児童相談所がパンク状態になっていることがあるのかもしれません。

児童福祉司は虐待以外にも養護その他ケースを常に抱えており、その数は全国平均して一〇〇程度といわれています。私が訪問した児童相談所では、職員が毎日午前九時から午後一〇時頃まで仕事を続ける、ということが少なくありませんでした。

たとえば、ある地方の児童相談所を訪問した際に、二〇一二年と二〇一三年の二年だけ虐待相談対応件数が減っていることに気がつき、その理由を聞いたところ「人員不足で、すべての虐待相談に対応することができなかった」という返答がありました。この自治体では子どもの虐待死が相次いで起きており、その頃の職員一人あたりの担当ケース数（虐待のみならずその他養護相談などを含む）は一〇〇を超えていたそうです。

他の児童相談所の所長も、次のように話していました。

「子どもの虐待死を防ぐことができなかった一因には、忙しくてすべての要注意家庭にきちんと目を光らせることができなかったことがある。我が県で虐待死があったときの児童福祉司あたりのケース数は一〇五件だった。これを受けて、担当ケース数を八九件以下にしようという目標が立てられたが、虐待数が予想以上に急増した結果、ケース数は逆に一三一件と大幅増になってしまった」。その声からは悔しさがにじみ出ていました。

特に、近年においては虐待通報が都市部に集中しているため、都市部の児童相談所の多忙さは相当なものがあります。私が訪れた様々な児童相談所でも、地方は比較的児童相談所が落ち着いて子どもの対応ができるのに対し、都市部の児童相談所では、私のインタビューの時間ももったいないといった忙しさでした。

ある児童相談所の所長は、児童相談所の多忙さについて次のように話していました。この市でも、二年前に子どもの虐待死が起きています。

「現状はかなり過酷なものとなっています。それは残業時間では計測できません。記録されている残業時間そのものでいえば三〇時間を超えることはなく、年間三〇〇時間を超える職員は三人くらいです。ただ、ここでの残業時間はオフィスに残っていた時間のみを取り上げており、自宅など職場外にいながら電話で対応をしたり関係各位に指示を出したりという時間は含まれていません。そして、そういったオフィス外での対応時間は、残業時間よりもはるかに長く不規則なものになりがちです。たとえば昨日も真夜中に急な通報電話が入り、児童相談所に急いで出勤する職員がいました。この時も、児相に到着したタイミングで時間外労働のカウントが始まります。

『連休中に鳴る電話が恐い』とこぼす職員も多いです。連休中にどこかに遊びに出かけているときに、虐待相談の電話が鳴らないかと不安な気持ちになるからです。二四時間三六五日、常に心が休まる暇がありません。

児童養護施設などでは職員がバーンアウト（燃え尽き症候群）になることがよくあります。ある日、身体が動かなくなり、いきなり仕事に来なくなってしまうような状況があるというのです。児童相談所の職員は公務員であり『役人魂』みたいなものがあるので、そういった事例はあまりありません。とはいえ、辛そうにしている職員は多いですし、うつと診断される職員や、うつ病に近い症状の職員は常にいます。

公務員の救いはローテーションがあることですね。三年も経てば、何らかの違うポストに異動することが多いので、その時まで頑張ろうと踏ん張れるのだと思います」。

†職員増員におけるハードル

私は様々な地域の児童相談所で「現状においてきちんと子どもと家庭をサポートするのであれば、あとどれくらいの人員が必要ですか」と聞いてきましたが、そこで返ってくる答えは二倍から五倍、中間値は三倍といったところです。ある職員はこう話していました。

「生活保護のケースワーカーに比べ、児相のケースワーカーの仕事量は倍くらいある。生活保護においては、ケースワーカーあたりのケース数が国の基準として定められているのだが、児相にはその基準がない。

生活保護のケースにおいて、相手は高齢者がほとんど。子どもはこれからも長い時間生きていくし、社会にとっての資源なのだから、子どもにより多くの予算を割くべきではないか」。

私の感想からいっても、児童福祉司数は二倍くらいに増やす必要があるように思われます。しかしそれには様々な壁があります。

虐待相談対応件数の急増を受けて、二〇一六年二月二三日に政府は新年度から児童福祉司を最大で約二三〇人増員するという方針を固めました。現員に対して約一割の増員は大きな成果ではありますが、これくらいの増員では焼け石に水である感を否めません。とはいえ、職員を二〇〇人増やすだけで一〇億円以上の追加予算が毎年必要であり、現員の二倍にするとなると毎年一〇〇億円以上の追加支出となります。

財政が逼迫している現状でこれを進めるのは、容易ではないでしょう。イギリスなどでは、児童福祉司の担当ケース数が三〇を超えないように職員採用や配置などをしていますが、日本でそういったことをするのは難しいかもしれません。

さらに、児童福祉司の増員には予算以外の課題があります。それは、予算がついたからといってすぐに人員を確保できるわけではないということです。大きな要因としては、児相の仕事が就活生に不人気であることと、採用における形式要件の厳しさがあります。

様々な報道の結果、児童相談所の児童福祉司の仕事はハードであり社会的にも後ろ指をさされがち、という印象が拡がっています。特にインターネット上での言論には無責任なものも多く、ネット検索をして就職先を決める大学生らにとっては、児童相談所での仕事やその仕事に就く可能性の高い行政福祉職は、よほど強い思いがないと志望しにくい職業となっています。こういったイメージを変えていくためのPR活動は重要であると感じます。実際、私が出会ってきた児童相談所の職員の方々には素晴らしい方も多く、こういった人々がもっと脚光を浴びるべきなのではないかと思います。

また、児童福祉司には、福祉系大学卒等でなくても、二年の実務経験があればなることができますが、現実には、専門知識を必要としていたり、あるいはそういった人しか働けないイメージが強い傾向にあります。もちろん福祉関連の知識等はあったほうが良いとは思いますが、子ども・家庭支援において最も必要な資質は姿勢や思いであるように感じます。

†非常に大きな児相間格差の理由

ここまで児相が大変な状況にあることを見てきましたが、私が全国の児童相談所を回りながら感じたのは、児相間の格差が非常に大きいということです。ここまでは敢えて「都市部」「地方」という軸で、都市部の児相のほうが大変な状況にあり一時保護所では子どもの権利が侵害されがちで、地方では比較的安定しているという説明をしてきましたが、実際のところは都市部でもここまで述べてきたような問題が少ない児相はあり、地方でも問題の多い児相はありました。

この、自治体間の格差は児童相談所に限った話ではなく、行政組織全体について私が感じていることでもあります。その理由としては次のようなものがあるように思います。

第一に、各行政組織の情報がわかりやすい形で公開され、社会の人々からチェックを受けることが少ないこと。雇用している職員数からすれば、多くの行政組織は上場企業なみの大組織ですが、訓練された監査法人から定期的に行われる監査も、業績によって絶えず変動する株価も存在せず、一部の開示情報を常にチェックしている民間人も存在しません（上場企業であれば、大勢の株主やアナリストらがその企業の動向を常時チェックしています）。

第二に、ガバナンスが利きにくい構造にあること。ある組織に対するガバナンスは、パフォーマンスが出ない人をその組織の持ち主が罷免する力を持ってこそ機能します。株式会社であれば、株主にはその権限があり、取締役の交代などを行うことができます。一方で、行政組織において人々が選ぶことができるのは首長や議員のみです。実際に手を動かし、大きな権限を持ち、実務を回している行政職員らは終身雇用によって守られています。そうすると、なかなかガバナンスが利きません。

非上場オーナー企業にも同様のことが言えるのですが、情報公開が進まず、ガバナンスも利かない組織は、地域特性や過去の歴史に引きずられた組織行動を取るようになり、その特性は時間と共に一般標準に収束することはなくガラパゴス化していきます。

いったん組織がある行動特性（組織文化や組織慣行と呼ばれるようなもの）を選択すると、人々は組織内でそれに従って行動しコミュニケーションをとるようになります。そうなると、少なくとも短期において組織として成果を挙げるには、既存のやり方を踏襲するのが効率的であるため、なかなか組織は変わっていきません。唯一の例外は、新しいリーダーがビジョンと勇気をもって大きな変革を成し遂げることです。

行政組織の一部である児童相談所にも全く同じことが言えるのでしょう。所長の強力なリーダーシップがない場合においては、その一時保護所のおかれている状況やたどってきた歴史が、ケアのあり方を決定しているように思えます。

†「児相悪者論」は正当なのか

社会的養護や子どもの貧困に関わる人や、それを論じる人の多くが、児童相談所を悪者にして、「児相はけしからん」という主張をしがちです。

子ども、子どもの親、児童相談所の職員、社会的養護関係者らと話をしてきて私が感じているのは、一方的な児相悪者論は誤りだということです。

まず、児相悪者論の一因には、声をあげるのは親ばかりという現状があります。私は多くの親に会いましたが、親の側も精神的なサポートを必要としている状況にあると感じました。そういう親が一時保護に対して納得していない場合に、事実無根のクレームをつける場合があります。

たとえば、一時保護所で運動して転んで擦りむいた傷があるまま、子どもが親元に帰ったとします。その時に親が「児相で殴られたのか」と血相を変えて質問をすると、子どもとしては親が恐いので「うん」と答えてしまったりするわけです。もしくは、一時保護所内の先生が嫌いだったからという理由で、嘘の話をする子どももいるそうです。子どものプライバシーもあり、行政側から公に反対意見を言うことができないので、一時保護所については、一方的に子どもと親の言い分だけが通っています。さらに、一部の物書きやジャーナリストたちが親の意見だけを一方的に聞いていることも問題の一因でしょう。

†一番の問題は、児相一極集中の現状

確かに、私が訪問した児童相談所においても、態度に問題があると感じる職員がいたのは事実です。児童の家庭を見下しているかのような児童福祉司や、子どもの幸せより問題が発生しないことに腐心する職員、子どもを家畜であるかのように扱う保護所の指導員などは確かにいます。しかし、それが多数派かというと決してそうではなく、また、根っからの悪人と思えるような職員に出会うことはほとんどありませんでした。

一番の問題は、多くの地域、特にコミュニティが弱り子どもを支える力が失われた地域において、児童相談所が子どもとその親の問題をすべて一手に抱えている状況にあるのではないでしょうか。

子どもの問題を児相に一極集中させることは、二つの問題を生じさせます。

第一の問題は、これまでに見てきた児童相談所のパンク状態です。毎日激務に明け暮れている児童相談所に、これ以上きめ細やかなケアを求めるのは難しいように思います。

第二の問題は、児相一極集中状態は児童相談所に外部の目が届かない状態を作り出すことです。

なんでもそうですが、ある事業を一人の人間や一つの部門だけで見るようになると、その組織における情報共有構造はタコツボ化していきます。外部の目が入らないので、組織ごとに奇妙な習慣や文化が根付き、ガラパゴス化していくことが少なくありません。

なぜ情報共有がないとガラパゴス化しやすいのか、詳しく説明しましょう。たとえば、ある児童相談所の所長が問題人物であり、子どもに対して非常に抑制的なルールを確立して、子どもの権利を侵害するようになったとします。仮に児童相談所の各種業務が他の関係者と連携して行われているのであれば、その人権侵害状況はすぐに他の人々の知るところとなります。他の関係者が口出しをできないとしても、それは政治プロセスを通じて解決に向かっていくはずです。しかし、児相にすべての権限が一極集中していると、都合の悪い情報は隠されがちになり、そういった自浄作用が働かなくなっていきます。

本書で述べてきたように、私が全国の児童相談所を見て回ってきて痛感したことの一つは、「良い児童相談所」と「悪い児童相談所」の格差です。この格差は、単純に地域における問題の難しさだけに限らず、児相一極集中と地方自治の組み合わせが生み出した構造的問題なのではないだろうかと思います。

私は、人間はだいたい同じようなもので、ある人を善人に見せたり悪人に見せたりするのは、その人が置かれている構造にあると考えています。もちろん、どんな最悪の構造においても素晴らしさを失わない人間はいるのですが、それは少数派でしょう。

児童相談所にはもちろん様々な問題がありますが、児童相談所を悪者にするのは誤りです。日夜激務に明け暮れている職員たちを責めるのではなく、彼・彼女たちが置かれている状況を問題視し、それを改善する方向に議論が進むことを強く願います。

それでも児童相談所が悪者だと思う人は、三重県のある児童相談所長の次の言葉を読んで頂けたらと思います。三〇年間子ども支援に取り組んできた、尊敬すべき実務家です。

「うちの児相職員はみな懸命に仕事に取り組んでいます。それでも、保護者からも子どもからも社会（市町村、学校、メディア等々）からも批判され、県庁人事からは時間外労働が多すぎるから削減しろと言われ、最後はプライベートな時間も犠牲にしているために家族からも批判されるという苦労を重ねています。それでも私が三〇年以上これをやっているのは、『自分がやらないと誰がやる』という気持ちがあるからです」。

ここまで見てきたような大変な仕事を長く続ける職員がいるのは、子どもと家庭に寄りそう仕事に喜びを見出す人々が児相にいるからです。そういった縁の下の力持ちによって、これまでの児童福祉が支えられてきたことは忘れてはいけないと思います。

†一時保護所に再びやってくる子ども：不調のもたらす精神的な打撃

「和田（二〇一四）」によると、一時保護を受けている子どものうち四五・七％が過去に一時保護されたことがあり、また、二五・二％がこれまでに社会的養護を受けています。社会的養護を受ける場合にはまず一時保護所を経由することになるので、四五・七％から二五・二％を引いた二〇・五％が一時保護された後、家庭に戻り、また一時保護所にやってきたということになります。

社会的養護（施設や里親）でのマッチングがうまくいかないことを「不調」といい、一時保護所にやってくる子どもの三・一％はこれにあたります。一時保護を受ける二万人のうちの三・一%なので、実際の数としては六〇〇人にもなります。毎年社会的養護に入る子どもは約六〇〇〇人なので、一割が不調になって戻ってくる計算になります。

一般家庭に暮らしてきた方々には想像しにくいかもしれませんが、不調は子どもの心にとても強い打撃を与えます。どういうことなのか、もう少し説明しましょう。

少なくない子どもたちが、口に出しても出さなくても、自分たちは親に捨てられた存在だと感じています。実親がいながら一緒に生活ができないのですから、そのような気持ちになるのはしょうがないのかもしれません。私たち一人ひとりが、自分が人生で抱くことになったわだかまりを解くのに長い時間を要するように、子どもたちが自分の置かれている状況を受け入れるのにも長い時間が必要となるのです。

不調は、そういった経験をした子どもたちが、再度打ちのめされるきっかけとなります。中には、「自分は親に捨てられ、里親にも捨てられ、施設にも捨てられた」と苦しい思いを吐露する子どももいます。「親と育つことができなかった自分は、施設や里親家庭でさえやっていくことができない」と思うのはどんなに苦しいことでしょう。

子どもの自己肯定感を取り戻すために、不調を一つでも減らすことは非常に大切なことです。そのためには、児童相談所でのマッチングをきちんとすること、施設や里親家庭の体制をきちんと整え不調を出さないようにすることです。

マッチングをきちんとするには、児童相談所が児童養護施設や里親家庭と日々綿密にコミュニケーションをとり、子ども一人ひとりになるべく望ましい組み合わせを考えていくことが重要となります。これができていないと、機械的に子どもを措置していくことになるので、どうしても不調率が高まります。

悲しいことですが、問題の少ない子どもだけを受け入れて、問題を表出させた子どもをすぐに投げ出す施設や里親家庭は一定数存在します。特に残念と感じるのは、比較的簡単に子どもを投げ出す施設があることです。社会的養護において里親養育・ファミリーホームを推進すべきとされている現状において、施設の存在意義の一つはどんなに難しい子どもでも経験豊かな職員チームが受け入れられることになっていくはずであり、早急に改善が必要でしょう。

また、家族と同様の緊密な人間関係が生じる里親家庭における不調は、施設での不調よりもはるかに大きな心の傷を子どもに与えます。里親への支援を強化し、そういったことが起こらないようにする仕組みが必要でしょう。

第４章

よりよい子ども支援のために

(1) 行政ができることは何か

ここまで、一時保護所の現場レポート、子どもたちの生活実態、そして一時保護の主体となっている児童相談所の状況について見てきました。最後のこの章では、問題点をまとめつつ、どのように解決していけばよいのかについて書いていきたいと思います。

政治レベルで行うべきことは、子ども向け支出の抜本的な拡大です。また、行政レベルでは児童相談所の人事改革ときちんとした外部監査の導入が必要でしょう。最後に、民間レベルでは民間団体主導で地域レベルでの子ども支援の拡大をしていくことが必要になると思います。

†子ども向け支出の抜本的な拡大を

子どもたちが一時保護を受けることになるきっかけは、貧困と虐待が主なものですが、

［図23］　対家族・子ども向け支出と対高齢者向け対GDP支出の国際比較（少子高齢化調整後）

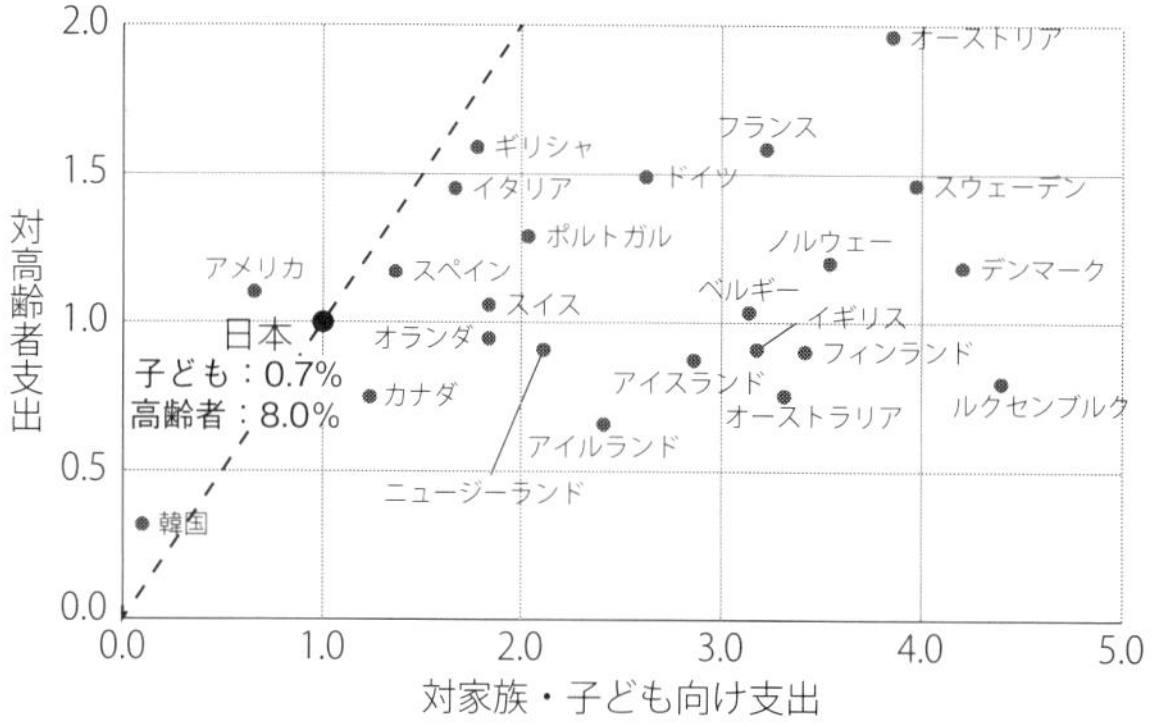

〈OECD Family Database〉

たいていのケースにおいて貧困と虐待は密接に関連しあっています。どちらかというと、物質的・精神的な貧困が虐待をもたらしているということが多いことを考えると、まず行うべきは貧困家庭に育つ子どもの数を減らすことでしょう。

先に見たように、子どもの貧困率と、子ども向けの政府支出の多寡は明確に相関しています。そして、日本政府の子ども・家族向け支出は先進諸国に比べても非常に低い水準にあります。

図23は、日本の対家族・子ども向け支出と高齢者向け支出のGDP比を一としたときの、各国の支出の国際比較です（各国の年齢構成の違いも調整済み）。日本の子ども・家族向け

支出はGDPの〇・七％であり、これは国際的には非常に低い水準です。一方で、高齢者向け支出は八％で、これは他国と比べても一般的な水準です。

よって、本書が主張する問題解決方法の第一は、子どもの貧困対策に向けて抜本的に支出を拡大することです。諸外国に較べ平均的な水準まで拡大していくべきではないでしょうか。

政治家の方々の前でこういったお話をすると、「この国にはそんなに子どもにつける予算はないのだから、限られた予算の中からどうやって賢く意味のある支出を行っていくのかを考えるべきである」という意見が返ってきます。

確かに、難易度も低くかつ「廉価」で、ある程度の効果が生まれる対策は存在します。後に述べる、コミュニティによる子ども支援の取り組みや空き家の活用などはまさにその一つです。こういった施策は多少時間がかかっても進めていくべきだと思います。

しかし、子育てはそもそもお金がかかるものなのです。特に社会的養護は、親が無償で行っている労働を市場のルールに置き換えるものであり、それにはどうしても多くのお金が必要になります。

しかも、子ども向けの支出は単なるコストでは決してなく、いわば長期的な投資でもあるのです。どの国においても将来を支えるのは子どもたちであり、そこにお金を割かない社会は成長しないのではないでしょうか。

フィンランドが好例です。フィンランドは冷戦後に深刻な不況に苦しみ、失業率は二〇％になっていました。そんな時期である一九九四年に教育大臣に任命されたのが、当時まだ二九歳だった元中学校教師のオッリペッカ・ヘイノネン氏です。

「教育で大切なのは機会の平等なのです。その基盤があって初めて、世界の頂点に立てる高い水準の人材を育成することができます。教育はいわば投資です。これは国の競争力に関する問題なのです」と、ヘイノネン氏は主張しました。

彼は、教育は機会の平等と国家競争戦略の観点から必要なものであると説きました。通常国家競争戦略といえば企業支援が取り沙汰されますが、企業は大きくなればフィンランドを出て行くかもしれません。一方で教育に力を割けば、人はその国にとどまると考えたわけです。

フィンランドの教育改革の特徴は、教師になるための要件を厳格化すると共に学校教育における中央集権的な色合いを排し、学校に自治権をもたせ自主性を高めていったことですが、もう一つは予算を教育に大きく割き、コンピューターを各校に配備するなど必要なお金をかけたことです。前者は比較的お金がかからない仕組み改革ですが、後者のようにお金がかかる改革にも着手したのです。

オッリペッカ氏と同じような考えを持つ人は多いかもしれませんが、瞠目すべきは、彼が教育大臣として提出した思い切った教育改革案を、失業率二〇%という状況でフィンランドの国会が満場一致で通したことです。その結果が、現在におけるフィンランドの国際競争力の高さであり、子どもの貧困率の低さでもあるわけです。フィンランドは人口たった五〇〇万人の国であるにもかかわらず、様々なテクノロジー企業を輩出しており、それはこの国の教育政策の成果ということができるでしょう。というのも、テクノロジー企業の多くは、若い人々によって創業されるものだからです。

もちろん人口五〇〇万人の国と一億三〇〇〇万人の国とでは、政治における政策遂行の難易度が大きく異なっています。それでも、日本でこの分野に抜本的な改革をもたらすリーダーが登場しないことには、現状は変わらないのではないでしょうか。

†児童相談所の人事改革と厳格な外部監査を

先にも述べたように、私は全国の児童相談所を訪問して児童相談所間の格差を強く感じました。一時保護所での子どもの権利への配慮、一時保護期間の短さ、社会的養護関係者との信頼関係など、様々なところで大きな格差がありました。

そういった経験から感じたのは、児童相談所間の格差は、置かれている客観的な状況だけでは決してなく、運営のされ方によって生じているということです。

「良い児相」と「悪い児相」の最大の違いは人でした。もっと具体的にいうと、行動原理が子どもの利益の最大化なのか、行政課題を大過なくやり遂げることなのか、という点で分かれると感じました（本来両者は一致するはずですが、そうでないことも多いようです）。子どもの利益の最大化が目的になっていれば、一時保護所があれほどに抑圧的な場所にはなりませんし、一時保護期間の最短化のための努力がされ、子どもの行き先が最善のものとなるように社会的養護関係者と緊密に連携がとられることとなります。

この人材について、良い児童相談所の特徴は次の二つにあります。第一に、児童相談所勤務者の三分の二以上が福祉職採用者であることです。第二に、職員の勤続年数が長いことです。

通常、地方官公庁で働く公務員の職種には、一般職と福祉職があります。一般職はその名の通り、役所の中の様々なポストをローテーションしながら、少しずつ昇進していきます。一方で福祉職で採用された人々は、生活保護、保険、障害者支援、児童支援といった福祉に特化した分野のみにおいて仕事を続けることになります。

過度の一般化は避けるべきですし例外は数知れないのですが、一般職採用された職員はよくも悪くも公務員らしく、行政事務を粛々とそつなくこなす人が多く、福祉職採用された職員は、たとえ事務能力が弱くても社会的に苦しい立場にある人々を支援しようという人が多いように思います。

子ども支援や一時保護は養育に関することで、粛々とケース処理をするだけが望ましいとはいえない分野です。総務などの事務的なことを除き、基本的にケースワーカーもケアワーカーも福祉職採用の人々になってもらうのが理想ではないでしょうか。

†ベテラン職員を増やすことができる人事制度の採用

また、私が訪問して良いなと思った児童相談所の特徴は、その地域で同じ業務に二〇年以上関わっている職員が相当数いることです。長い期間ずっと子どもたちに向き合ってきた人々がチームになり、その人々が中心となって家庭・子ども支援にあたっていました。

福岡市の児童相談所や神奈川県の中央児童相談所などがまさにそうで、所長・課長らの多くが長い間一緒に働いてきた人々です。

他の行政事務もそうかもしれませんが、家庭・子ども支援をする児童福祉司の仕事においては特に経験がものをいう側面があるように思います。実際に現場からも「ケースをどれだけ積んできたかによって、支援の質が変わってくる」という声が多く聞かれました。現在、全国での児童福祉司の勤続年数は四年程度となっており、家庭や子どもを支援するのに十分な経験を積み知識を習得しているとは言えないように思います。職員が三～四年のローテーションで全く違う仕事についていってしまうような状況は、変えていくべきではないでしょうか。

たとえば鳥取では、福祉専門職として採用された児童福祉司は、現場でケースワーカーをし続けても課長補佐クラスまで昇給し続ける仕組みがありました。そうすることによって、ベテランケースワーカーを増やしていくことができれば、その個人の仕事のみならず、若手職員への指導などを通じて、児童相談所の業務の質がより高まっていくと思います。

†一時保護所の児相内での地位向上を

また、人事に関してもう一つ感じられたのは、児童相談所内でも花形とされる仕事は児童福祉司による児童相談や心理士による心理判定とされる傾向にあり、どちらかというと一時保護所の職場内地位が低いことです。一時保護期間が子どもの心理状態に与える影響を考えるのであれば、子どもたちが安らかに時間を過ごすことができる環境づくりができるような有能な職員をそこに配置するべきかもしれません。

役所における部署が花形かそうでないかは、みなが認めるスタープレーヤー職員がどこに配置されるのか、また、その部門出身者のうち出世する人がどれくらいいるのかによって評価される傾向があるように思います。一時保護所業務の大幅改善が望まれる現状においては、この分野にリソースを割いても良いのではないでしょうか。

†児童相談所に第三者による外部監査を

先に、児童保護所間の格差が生じる理由は、情報公開が限られていることとガバナンスが利きにくい構造にあることだと書きました。この問題点への対策として重要と思われるのは外部監査の強化です。監査というと通常は金銭管理や書類整備に関する適切性を見るものですが、ここで提案したいのは、児童相談所の援助事業と一時保護所の運営に関する監査です。

情報が第三者に開かれていない組織は、自浄機能を持ちにくくなるものです。ただし、児童相談所の事業においては子どもや家庭のプライバシーに関する情報を多く取り扱っているため、その業務内容を世間に広く公開することは現実的ではないでしょう。それを踏まえると、専門家らが援助・ケア内容のチェックを行い、その結果を全国で横串比較して、きちんと運営されていない児童相談所をあぶり出すということが重要ではないかと思います。

施設内虐待が明るみになるにつれ、第三者評価の実施は多くの児童養護施設等に対して義務化されるようになりました。しかし、児相に対するそれはまだ弱く、また第三者による監査が実施されてもその内容は形式的なものになりがちです。形式的な評価でなく、援助とケアの内容について、その受益者である親と子どもに聞き取りをしながら評価軸をつくり上げるのが望ましいでしょう。また実施主体についても、自治体が監査する組織を選ぶと「お手盛り」となりがちであることを踏まえると、国および国が指定する第三者とするべきです。イメージは、金融機関に対する金融庁監査のような緊張感の高い監査です。

そもそも実態についての監査を行える人が存在しないという意見があるかもしれませんが、それは「鶏が先か卵が先か」の議論であり、監査を義務化していけばそれを行える人材は育っていくはずです。児童相談所の職員や、社会的養護の関係者らを採用して育成するのがベストでしょう。もし、実態をきちんと把握するための第三者評価を実施する機運が高まっていった際には、私も貢献したいと思っています。

（2）民間の人間にできることもある

　ここまではどちらかというと、政治や行政が主導的に行わないといけないことについて書きました。では、民間の人間が現状をよりよくするためにできることはないのでしょうか。いくつかの地域においては民間での取り組みがその地域の児童支援のあり方に大きく貢献しています。

†児童相談所のリソースですべてを達成するには限界がある

　多くの心ある人々が口を揃えるのは、児童相談所だけで急増する児童虐待や子どもの貧困の対応をするのはもう難しいということです。実際に先の章で見たように、多くの児童相談所はすでにパンク状態になりつつあります。

　私の尊敬する児童相談所所長は、次のように話していました。

「これだけ虐待対応件数と貧困家庭が増えているこのご時世で、児相がすべてを抱え込むには限界がある。子どもの問題といえば、すぐに児相に話がくる、児相一極集中状態となっている。たとえば、新しくできた『一八九《いちはやく》の虐待電話相談』の連絡先が児相である必要は必ずしもないのに、こういった仕事は必ず児相に降ってくる。

また、多くの都道府県では市区町村に児童相談機能がなく、関連業務はすべて都道府県の行政に投げっぱなしの状態になっている。しかし、戸籍事務などをどんな小さな町でもできる体制があるのであれば、児童相談についても市町村で取り組める体制を作るべきではないか。社会的養護に入らざるを得ない子どもをなるべく減らすためには、身近な基礎自治体や保育所・学校等の仕事が欠かせない。虐待に関して、多くの人が正義感に燃えて勇ましいことを言うが、自分の現在の仕事や地域に問題が発生すると、後ずさりをして『児相にお任せ』ということが多い。

結果として、現場の仕事は日に日に増えていき、職員が疲弊しており、それが子どもの虐待死を防げなかったり、そこまでいかないとしても子ども支援が十分にできないことにつながっている。

児相だけで物事に取り組むのでなく、民間機関や他の行政機関と協働する必要がある。

虐待対応なども、民間組織の専門性から学べることは大いにあると思う。児童福祉法において、都道府県と市区町村の間の役割分担が曖昧になっているのも変更する必要があるのだろう。

児童虐待という言葉には保護者を非難する意味が含まれ、余計に敷居が高くなっている。社会の中で親非難でなく『子どもの安全をみなで守ろう』という意味の転換がなされ、保護者も含めて守るべき対象であるという認識がもっと広まることを願っている」。

なお、児相業務の一極集中を抑制しようという動きは、二〇〇〇年ごろから進んでいます。施設に家庭支援専門相談員を配置したり、児童家庭支援センターを設置できるようにしたりと、施設に児相機能の一部を委譲していこうという動きは起きています。しかし、まだまだ十分とは言えないのが現状です。

†子どもを地域で見守り、地域で支援し、預かる制度づくりを

具体的に児童相談所の負担を減らしていくためには、地域が積極的に子どもと家庭の支援を行っていくことが必要です。本書を読んでいるすべての人が、思い立った瞬間から行動することができます。

ヨーロッパの一部の子ども支援先進国には「在宅の社会的養護」という考え方がありま す。すなわち、児相が家庭支援を重視し、子どもが実家庭で育つことができるための支援を行うことに主眼が置かれています。より具体的には、行政での生活保護と、民間団体を含めたソーシャルワークの組み合わせで、子どもが家庭で育つことができる環境づくりに力を割いています。

私が訪れた現場には、地域ぐるみで子ども支援に関わっているところがありました。先に紹介した平塚と釜ヶ崎です。平塚では警察ボランティアと小学校の元教頭の兄弟が手を組み、学校、警察、児童相談所、民間団体が協働して子ども支援にあたっています。釜ヶ崎でも、「こどもの里」の荘保共子さんが中心となって自分たちで地域の児童支援会議をつくっています。そして、その会議で子どもの状況を完全に把握し、夏休みに半分ネグレクトに遭っているような子どもがいれば家に呼び食事を与えたりして励まし、どうしても子どもが実家庭で育てられないと分かったら児童相談所と協議をして、地元で子どもたちが一時保護委託を受け入れられるようにしています。

これらの地域で感じたのは、児童相談所に任せきりにせず、自分たちが地域で子どもを見守り育てていこうという気持ちを地元に住む人々が持っているということです。そういう人が一人いるだけで、地域は変わっていけるのだということをこれらの事例は示しています。

平塚における子ども支援の仕組みを作り上げた小倉滋朗《おぐらしげあき》さんは、次のように話していました。

「誰かが真剣にやろうとすれば、三〜四年あればその仕組みを作り上げることができる。最も重要なのは学校の協力を得ること。というのも、子どもが家庭の次に最も多くの時間を過ごしているのは学校であり、学校ときちんと情報共有をすることができれば、虐待を受けていたり家庭の経済状況が困難な子どもをすぐに見つけ出すことができるからだ」。

首都圏に属する平塚市でこういった取り組みができるのであれば、コミュニティが弱体化したといわれる近年の都市部においても、同じようなことができるのではないでしょうか。

全国で拡がっている子ども食堂の動きはこの一つでしょう。地域の人々が自由に食事をできる場を子どもに提供し、子どもたちの精神的な支えになることができれば、それは地域での家庭・子ども支援の第一歩となっていくはずです。

なお、形式的には地域関係者で子どもを守るために情報を共有する仕組みを実現するための組織は、存在しています。二〇〇二年の児童福祉法改正によって設置できることになった「要保護児童対策地域協議会」（要対協）がそれで、ほとんどの地域に存在しています。

問題は、この要対協に参加している関係者（警察や学校、病院、児相など）に一致団結して情報を共有していこうという機運があるかどうかです。もともと縦割りになりがちな組織間でそれが機能しない場合もあるようです。要対協が地域での子ども支援の中心的な役割を本当に果たしていくためには、参加している関係者間の情報共有の仕方や対策のとり方、要対協に対する地域のガバナンスを利かせる仕組みなどを法律に規定していく必要があるように思います。現時点で法律に書かれているのは要対協の設置を可能とする規定のみで（義務ではない）、その運営方針は指針に書かれている程度です。そういった状況下でもリーダーがいれば物事は前進するかもしれませんが、それでは事の成否を特定の個人の存在に賭けることになってしまうので、法整備が必要です。

†原則一時保護委託をして、児相内での保護は最小限に

そして、どうしても地域で家庭を支え続けられない結果必要となる一時保護においても、

一時保護委託を原則としていくべきであると思います。もちろん保護所内の努力も重要なのですが、子どもが大勢いる一時保護所では、集団維持のために過度の規律が必要となってしまう場合があります。どうしても預かる必要が認められる場合に限り児童相談所内で一時保護を行い、それ以外の子どもについては施設や里親家庭、ファミリーホームなどで一時保護委託をしていくのがよいでしょう。

また児相内の一時保護所についても、家庭に近い環境を作り、地域の人々と交流することをある程度可能にし、かつ多くの子どもが見知らぬ土地に行くことの不安を避けられるように、その所在地もより多くの地域に分散したほうが望ましいでしょう。

先にも述べましたが、一時保護委託の利点は、第一に、子どもが現状の保護所よりも安心して過ごすことができる養育環境を提供しやすいことです。里親や施設は養育の専門家であり、そういった人々がいる場所のほうが、子どもは落ち着いて時間を過ごすことができるでしょう。

第二の利点は、子どもの自由が不当に制限されないことです。施設や里親家庭からであれば、子どもたちは学校に通うことができます。自分たちだけで外出をすることもできますし、近所の公園に遊びに行くこともできます。これだけで、子どもたちの心理的負担はだいぶ減ることでしょうし、基本的な学習権や自由権が侵害されることはないでしょう。

第三の利点は、校区内での一時保護委託をすれば子どもが元々いた地域で暮らせることです。一時保護において子どもが最もつらく感じることの一つは、地域の友人や学校の先生などと全く連絡を取れないまま見ず知らずの地域に行かなければいけないことです。子どもたちが元々いた地域で過ごすことができるのであれば、そういった心の痛みは低減させることができます。すべての地域に施設等があるわけではないので、子どもが地域で育つことができる一時保護委託を進めていくためには、里親やファミリーホームを増やしていくことが必要でしょう。

里親や施設が地域で認められる存在になっていけば、一時保護委託は、児相での一時保護よりも子どもの親にとって受け入れやすいものになるでしょう。というのも、どうしても固いイメージをもつ児童相談所ではなく、地域で知られている里親家庭や施設で子どもを預かるのであれば、「実家や親戚の家に子どもを短期的に預けている」という感覚に近づくからです。

たとえば、ある子どもに一時保護のニーズがある場合に、児童相談所が学校やPTAなどと協議をして、その子どもの友人の親の家に一カ月だけ預かってもらう。そういったことが常識となっていけば、より多くの子どもが元々いた地域の中で育ち続けることができるようになります。

おわりに

ケンタさんは高校を卒業するとともに、「自立」の名の下、児童養護施設を退所していきました。施設を出た時、グレゴリー製の緑のリュックにすべての荷物が入ったといいます。「自分の資産や持ち物がそれしかなかったんです。我ながら驚きました」。

不動産会社で働いた後起業し、自分が育った施設がある山梨県で会社を経営しています。従業員の数は五〇人を超えます。私が彼の会社を訪問した時、社員の方々の質の高さと社長への敬意に驚かされました。

実際のところ、児童養護施設出身者で彼のように活躍する人はそれほど多くはありません。多くの人びとが、心の問題を解決できないままに暮らし、生きにくさを味わっています。失業率も高く、生活保護受給者の比率も低くありません。

何が彼を変えたのでしょうか。一つは野球でした。「野球で有名になれば、誰かが（自分を）見つけてくれるだろう」という思いから打ち込むうちに、野球が得意になり周囲から尊敬されることとなりました。これは、彼の自己肯定感を育むベースになりました。

それでも、施設を退所した後は不安でいっぱいだったそうです。天涯孤独の彼には、退所直後に頼れる人が誰もいませんでした。大きな病気をしたりするだけで、路頭に迷ってしまいます。「たった一人でどうやって生きていくのだろうか」と、怖さに押しつぶされて過呼吸になることもあったそうです。

そんな彼が、自分の人生に対して肯定的に捉えられるようになったのは、二〇代後半になってのことでした。「なんで自分だけ」と思うのをやめ、自分と自分の人生を肯定できるようになってから、様々なことが変わっていったといいます。

「それまでは、多くの人を恨んでいました。捨てた親と養親、一時保護所の職員、児童養護施設の人々を恨んでいた。

そして、いつも『なんで自分だけ』と思っていました。

児童養護施設にいたときには、先生に『自分はどこで生まれて、親や兄弟はいるのか？』という質問をして調べてもらったのですが、完全な棄児だということが分かって、本当に落ち込みました。生まれて実の親に捨てられ、その後に養親にも捨てられ、『自分には存在価値がない』と思っていました。そして、その状況をしぶしぶ受け入れるしかなかったのです。

運動会のときであれば、クラスメートが親の作ったお弁当を食べるなか、自分だけは買ったパンとリンゴジュースで、それを見られるのが嫌だったのでご飯をひとり教室で食べていました。家庭訪問でも職員が仕事で忙しいからと面談に参加できず、先生と自分だけで話すこともありました。戸籍謄本をとっても何も出てこない。結婚をしたとき、本籍地が自分の全く知らない土地になっていて、外国人係の窓口で延々と待たされたのも嫌な思い出です。一事が万事そんな感じだったので、ある時期まで、生い立ちを恨み、社会を恨み、自分自身を否定していました。

でも、社会人になってから様々な人と接したり、色々な経験をしたりするうちに、自分より大変な人が沢山いることを知り、何かを恨むことをやめたんです。

これは今だからこそ言えることですが、人生はプラマイゼロなのだと思います。若いうちに苦労をしてきたからこそ、耐えることや人に感謝することの有り難さが分かるようになりました。

私がいた児童養護施設を訪問すると、子どもたちの多くが、未来に対して絶望しきっていることに焦燥感を抱きます。いま、私と同じような悲しみを抱いている子どもたちを助けてあげたいと思っています」。

美談を紹介して、厳しい現実から目を背けようとしているわけではありません。社会的養護出身者が直面している厳しい現実は、嫌というほど見てきました。

しかし、そういった現実を前にして、「これが真実だ」と達観するのも何か違うのではないかと私は思っています。現実を直視しながらも、いつまでも希望を持っていくべきなのだと思います。でないと、人生はあまりにも苦しいものになってしまいます。そして、私自身もそういった希望をすべての人が持てる世界づくりを、可能な限りやっていきたいと思います。

そのためにも、社会的養護の入口となっている一時保護所の現状は、可能な限り早く改善されていくことが必要です。課題解決の第一歩としては、世の中の人が現状を知ることが重要であり、本書がその役に立てばこの上ない喜びです。

図版作成＝朝日メディアインターナショナル株式会社

ちくま新書

1233

ルポ　児《じ》童相談所《どうそうだんじょ》

——一時《いちじ》保《ほ》護《ご》所《しょ》から考《かんが》える子《こ》ども支援《しえん》

二〇一七年一月一〇日　第一刷発行
二〇一七年一月三〇日　第二刷発行

著者　愼泰俊（しん・てじゅん）

発行者　山野浩一

発行所　株式会社　筑摩書房
東京都台東区蔵前二-五-三　郵便番号一一一-八七五五
振替〇〇一六〇-八-四一二三

装幀者　間村俊一

印刷・製本　株式会社　精興社

乱丁・落丁本の場合は、左記宛にご送付ください。
送料小社負担でお取り替えいたします。
ご注文・お問い合わせも左記へお願いいたします。
〒三三一-八五〇七　さいたま市北区櫛引町二-六〇四
筑摩書房サービスセンター　電話〇四八-六五一-〇〇五三

ISBN978-4-480-06939-9 C0236

ちくま新書

1085
子育ての哲学
——主体的に生きる力を育む
山竹伸二
子どもに生きる力を身につけさせるにはどうすればよいか。「自由」と「主体性」を哲学的に考察し、よい子育てとは何か、子どもの真の幸せとは何かを問いなおす。

1090
反福祉論
——新時代のセーフティーネットを求めて
金菱清
大澤史伸
福祉に頼らずに生き生きと暮らす、生活困窮者やホームレス。制度に代わる保障を発達させてきた彼らの生活実践に学び、福祉の限界を超える新しい社会を構想する。

1113
日本の大課題 子どもの貧困
——社会的養護の現場から考える
池上彰編
格差が極まるいま、家庭で育つことができない子どもが増えている。児童養護施設の現場から、子どもの貧困についての実態をレポートし、課題と展望を明快にえがく。

1120
ルポ 居所不明児童
——消えた子どもたち
石川結貴
貧困、虐待、家庭崩壊などが原因で、少なくはない子どもたちの所在が不明になっている。この国で社会問題化しつつある「消えた子ども」を追う驚愕のレポート。

1125
ルポ 母子家庭
小林美希
夫からの度重なるDV、進展しない離婚調停、親子のギリギリの生活……。社会の矛盾が母と子を追い込んでいく。彼女たちの厳しい現実と生きる希望に迫る。

1163
家族幻想
——「ひきこもり」から問う
杉山春
現代の息苦しさを象徴する「ひきこもり」。閉ざされた内奥では何が起きているのか？〈家族の絆〉という神話に巨大な疑問符をつきつける圧倒的なノンフィクション。

1226
「母と子」という病
高橋和巳
人間に最も大きな心理的影響を及ぼす存在は「母」であり、誰もが逃れられない。母を三つのタイプに分け、それぞれの子との愛着関係と、そこに潜む病を分析する。